Atravesando el cañón sin puente

Una guía de discusión para uso de personal, grupal y de estudio bíblico.

Reparando la brecha entre la iglesia y la comunidad LGBT

Kathy Baldock

Atravesando el cañón sin puente

Una guía de discusión para uso de personal, grupal y de estudio bíblico

Reparando la brecha entre la iglesia y la comunidad LGBT

Publicado por:
CanyonWalker Press
Reno, NV USA
www.CanyonWalkerPress.com

Editado en inglés por: Wendy Danbury, Elaine Bellamore Phillips, Jerry Reiter, y otros (vea los reconocimientos)

Editora Final en inglés: Heidi Mann
Diseño de cubierta por Lisa Salazar

Traducido y edición en español por: Alejandro Ugarte
Copyright © 2016 by Kathy Baldock

All rights reserved. No part of this book may be reproduced or transmitted in any form or by any means without written permission of the author.

Todos los derechos reservados. Ninguna parte de este libro puede ser reproducida transmitida de ninguna forma o medio sin el permiso escrito de parte de la autora.

La mayoría de las Escrituras citadas por la autora provienen de la versión internacional en inglés HOLY BIBLE, NEW INTERNATIONAL VERSION [NIV] Copyright © 1973, 1978, 1984, 1990, 2011 International Bible Society. Zondervan Bible Publishers, y luego traducidos al español.

ISBN: 978-1-951136-10-9

DEDICACIÓN

A Brett Glanzmann, mi amigo diligente, apasionado, buscador de la verdad, sabio y valiente que hace casi tres años se enfrentó a una situación que lo obligó a considerar profundamente su posición doctrinal personal en cuanto a la orientación sexual y como esta se interrelaciona con la fe.

Brett es el modelo de cómo los cristianos llenos de compasión pueden abordar este tema difícil mejor. Se convirtió en parte de una comunidad de creyentes que se reunían regularmente para comer, llegaban a conocerse uno al otro y reemplazaban los estereotipos LGBT por personas con rostros. Estudió la Biblia y buscó a Dios. Asistió a la conferencia de la Gay Christian Network (ahora conocida como Q Christian Fellowship) con su esposa, María, y luego participó en el programa de estudio intensivo de tres meses de The Reformation Project.

La posición de Brett sobre el matrimonio entre personas del mismo sexo y la integridad sexual se transformó con el tiempo. Trató de permanecer en su posición pastoral en una gran iglesia en el norte de Nevada, sabiendo que la política no afirmativa declarada abiertamente de la iglesia estaba en conflicto con sus propias creencias.

El mes que se publique esta guía de estudio, mi amigo Brett habrá renunciado oficialmente a su posición de pastor de veinte años para buscar nuevas oportunidades y formas tangibles de servir a la comunidad LGBT.

Tabla de contenidos

PREFACIO ... 8

SECCIÓN UNO **Pensamientos iniciales y preguntas para conversar** ... 17
    Como utilizar esta guía ... 18
    Reunirse como grupo, o no ... 19
    PARA CONVERSAR Y CONSIDERAR ... 21

SECCIÓN DOS **Las primeras concepciones del comportamiento entre el mismo sexo y los gays en la cultura estadounidense hasta la década de los 60** ... 25
    Resumen desde la página 1-94 de Atravesando el cañón sin puente. ... 25
    Los inicios de la psicoterapia sobre la homosexualidad en los Estados Unidos ... 28
    Los gays estadounidenses en la cultura desde la década de 1940 hasta la de 1970 ... 29
    PARA CONVERSAR Y CONSIDERAR ... 30

SECCIÓN TRES **Hacia la libertad social, médica, cultural, gubernamental y legal, luego hacia la opresión religiosa** ... 33
    Resumen de las páginas 95-172 de Atravesando el Cañón sin puente ... 33

Las raíces del fundamentalismo y la fusión de la religión
conservadora y la política 36
    PARA CONVERSAR Y CONSIDERAR 40

SECCIÓN CUATRO *El origen y la política del VIH / SIDA
y el sexo, el género y la orientación sexual* 44
    VIH/SIDA 44
    Sexo, género y orientación sexual 48
    PARA CONVERSAR Y CONSIDERAR 51

SECCIÓN CINCO *El comportamiento con el mismo
sexo y la Biblia* 55
    Resumen de las páginas 255-282 de Atravesando el
    cañón sin puente 55
    Sodoma y Gomorra 56
    Levítico 57
    Romanos 59
    1 Corintios y 1 Timoteo 61
    Deuteronomio 22:5 63
    PARA CONVERSAR Y CONSIDERAR 64

SECCIÓN SEIS *El matrimonio civil y el
matrimonio bíblico* 69
    Resumen de las páginas 283-321 de Atravesando el
    cañón sin puente 69
    La definición de matrimonio en Estados Unidos cambia 71
    El matrimonio bíblico 71
    PARA CONVERSAR Y CONSIDERAR 76

SECCIÓN SIETE *Algunos efectos negativos del mal
uso de las Escrituras: terapia reparadora y
matrimonios de orientación mixta* 81
    Resumen de las páginas 325-395 de Atravesando el

cañón sin puente 81
El comienzo de la terapia reparativa cristiana 84
Matrimonios de orientación-mixta 87
PARA CONVERSAR Y CONSIDERAR 89

SECCIÓN OCHO *El movimiento cristiano gay, la juventud LGBT y sus padres* 94
Resumen de las páginas 397-428 de Atravesando el cañón sin puente 94
El Rev. Troy Perry 94
Lonnie Frisbee 96
Marsha Carter 98
La próxima generación de cristianos gay y transgénero 99
PARA CONVERSAR Y CONSIDERAR 103

SECCIÓN NUEVE *Hacer que la iglesia cristiana sea segura y acogedora para los cristianos LGBT* 107
Resumen de las páginas 459-489 de Atravesando el cañón sin puente 107
Han dejado tus iglesias 108
Avanzando hacia la inclusión de cristianos LGBT 110
PARA CONVERSAR Y CONSIDERAR 113

GRACIAS 116

PREFACIO

He estado involucrada en el marco de la conversación para la igualdad e inclusión plena de los cristianos lesbianas, gays, bisexuales y personas transgénero (LGBT) en las comunidades de fe conservadoras de algún modo durante más de quince años.

Antes de mejorar hacia una teología totalmente inclusiva, compartía puntos de vista a los que muchos cristianos conservadores continúan aferrándose hoy. Pensaba que la atracción sexual involucraba una elección personal en vez de ser innata. Devalué la relación emocional de las parejas del mismo sexo, asumiendo que se basaban en la lujuria, más que en el amor. Además, habiendo nacido a fines de la década de 1950, atribuí muchas creencias falsas que mi cultura me decía sobre las personas LGBT.

En 2001, me hice amiga de una lesbiana en una caminería local de senderismo. Mi amistad con ella me hizo cuestionar algunas de mis creencias culturales y religiosas sobre las personas gay. A medida que mi red de amigos gay se expandió, lentamente fui avanzando hacia una mayor conciencia de las injusticias que sufren los estadounidenses gay y transgénero. Incluso hace diez años, la necesidad de protecciones y derechos civiles para las personas LGBT hacía sentido para mí.

Aun así, no tenía ninguna razón para desafiar las posturas bíblicas conservadoras o lo que "Dios dijo" sobre la homosexualidad. Después de todo, nadie en mi círculo social se identificaba como gay y cristiano, o transgénero y cristiano. Mis convicciones evangélicas sobre la orientación sexual y la identidad de género se mantuvieron sólidas, pero no cuestionadas.

Hasta que...

Un día de 2007, leí las palabras "gay" y "cristiano" juntas en la portada del *New York Times*. Tres semanas después, me paré en la parte trasera del salón de baile de un hotel en Seattle y presencié a unos doscientos cristianos gay en un servicio de adoración. Me descompuse totalmente.

Mucho antes de que mi cabeza alcanzara mi corazón y mi espíritu, sabía que estaba en un Lugar Santo, mirando detrás de una cortina que rara vez podían ver los evangélicos heterosexuales.

Comencé a compartir con mis compañeros cristianos evangélicos sobre lo que presencié en las vidas de los cristianos LGBT. Con el tiempo, expresé creencias inclusivas emergentes. Estos intercambios con frecuencia se estancaron en torno a la interpretación de seis pasajes de la Escritura utilizados para condenar la homosexualidad.

Quería saber más sobre el contexto de los versículos y la cultura en la que fueron escritos. Mi investigación comenzó con una simple pregunta: *"¿Eran aquellos que se comportaban sexualmente con personas del mismo sexo en culturas antiguas equivalentes a las personas que hoy llamamos gay?"* Y empecé a investigar.

Rápidamente me di cuenta de la compleja historia de discriminación cultural y religiosa contra la comunidad LGBT. Solía pensar que con tan solo usar una Biblia y una buena concordancia eran herramientas suficientes para comprender el significado de los pasajes sobre el comportamiento sexual entre personas del mismo sexo, pero estaba equivocada. Descubrí que hay un enredo de hilos culturales, psicológicos, médicos, sociales, religiosos y políticos que contribuyen a la totalidad de lo que muchos cristianos creen sobre las personas gay y transgénero.

Pasé casi tres años investigando y escribiendo *Atravesando el cañón sin puente*. En el libro, desarrollo la narrativa a lo largo de una línea de tiempo a través de la historia de la discriminación cultural y religiosa contra las personas LGBT. Empiezo con las culturas antiguas y termino con las historias de las personas LGBT de hoy.

Enfrentando el punto de vista dominante

Obviamente, la Biblia fue escrita desde la perspectiva de autores, audiencias y temas basados en culturas antiguas. Asimismo, se ha interpretado con esas perspectivas y otras similares a lo largo de la historia. Las culturas antiguas, incluida la cultura bíblica, estaban arraigadas en dos sistemas restrictivos que crearon los lentes dominantes a través de los cuales se escribían y entendían las palabras: patriarcado (los hombres tienen poder sobre las mujeres) y jerarquía de género (los hombres son superiores a las mujeres). La Biblia también ha sido interpretada a través de esos mismos lentes dominantes a lo largo de la historia.

Si un hombre se saliera de sus limitados roles estipulados de comportamiento masculino y tratara a otro hombre como si fuera una mujer, o permitiera ser tratado como una mujer, eso habría sido visto de manera negativa. Históricamente, los roles sociales y sexuales de hombres y mujeres estaban estrictamente definidos.

Por lo tanto, se esperaría que cualquier relato bíblico sobre el comportamiento sexual entre personas del mismo sexo fuera negativo. Por el contrario, no esperaríamos leer una visión bíblica positiva del comportamiento sexual entre personas del mismo sexo.

A lo largo de la historia, las actitudes desdeñosas hacia las mujeres, hacia aquellos que participaban en el comportamiento sexual con personas del mismo sexo y, eventualmente, las que tienen una orientación homosexual están esencialmente vinculadas. Por supuesto, entonces, esperaríamos que el valor y la dignidad de los hombres del rol sexualmente pasivo se redujera al valor bajo de las mujeres.

El patriarcado y la jerarquía de género no fueron desafiados hasta el siglo pasado. Las mujeres, en su mayor parte en los Estados Unidos y en las naciones desarrolladas, han logrado un gran progreso para liberarse de estos sistemas represivos. Sin embargo, las personas LGBT todavía son juzgadas y excluidas de muchas comunidades religiosas utilizando versículos de la Biblia escritos e interpretados a través de lentes fuertemente impregnados de patriarcado y jerarquía de género, los mismos lentes que tuvieron que ser deconstruidos para extender la igualdad bíblica a las mujeres.

A principios del siglo XX, la presencia de personas atraídas por el mismo sexo comenzó a emerger dentro de la cultura (comenzaremos a ver esto en la Sección Dos). El estatus sexual de uno había sido determinado por el papel que desempeñaba en el sexo (hombre / penetrador, o mujer / penetrado(a)). Aproximadamente medio siglo más tarde, el estatus cambió del rol de la persona durante el sexo al sexo de la persona por la que uno se sentía atraído (heterosexualidad y homosexualidad).

La heterosexualidad se estableció cómo la perspectiva bíblica y cultural dominante, aunque aún definida por los límites existentes, aunque algo sutiles, del patriarcado y la jerarquía de género.

¿Por qué ahora?

Quizás se pregunte por qué parece haber tanta discusión sobre la orientación sexual y la identidad de género en los círculos cristianos. Puede parecer incómodo y quizás incluso innecesario. Sin embargo, nunca antes en el diálogo cristiano moderno y la ética han chocado múltiples dinámicas, por lo que *ahora* es el momento adecuado para abordar la orientación sexual y la identidad de género en el contexto de la fe.

Incluso podría parecer incorrecto desafiar las interpretaciones tradicionales de las Escrituras. Pero este no es un territorio nuevo para los cristianos. En el pasado, los textos bíblicos se utilizaron para apoyar tanto la esclavitud como la subyugación de la mujer. Como sabemos, finalmente llegó el momento de examinar el contexto y las interpretaciones de esos versículos. Esto resultó en una reevaluación de las enseñanzas cristianas y la ética sobre la esclavitud y el estatus de la mujer.

La presión para reexaminar las Escrituras, particularmente en temas de inclusión y justicia, es una progresión natural que ha estado y debería estar sucediendo en las comunidades de fe. Esta vez, estamos preparados para desafiar las interpretaciones tradicionales de los textos bíblicos que se refieren al comportamiento entre personas del mismo sexo.

Los cristianos LGBT, sus familias y sus defensores piden que la iglesia conservadora comprenda mejor la perspectiva en la que se escribió la Biblia. Además, los tradicionalistas deben reconocer la perspectiva cultural heterosexual dominante en la que se interpretan esos pasajes.

El llamado a reexaminar pasajes específicos puede parecer una demanda "nueva", pero no lo es. El movimiento cristiano gay comenzó a fines de la década de 1960. Desde entonces, han estado pidiendo ser escuchados y nosotros simplemente no los hemos estado escuchando.

Necesitamos escuchar. Por el bien del Reino de Dios, por el bien de las personas LGBT y por el bien de la iglesia conservadora, debemos escuchar.

Recuerde la clásica historia de los ciegos y el elefante. Cada hombre tocó una parte diferente del elefante (la pata, la cola, la trompa, la oreja, el vientre y el colmillo) y luego discutieron para ver quién describía mejor lo que era un elefante. Cada uno de ellos simplemente tenía diferentes perspectivas.

Dios también tiene muchos atributos, como se revela en las Escrituras. Pero requiere que todos veamos la imagen completa de Dios. En parte debido a la opresión sistémica por parte de la iglesia principal, los cristianos LGBT han experimentado una mayor riqueza en la comprensión de la misericordia, la gracia y el amor incondicional de Dios. En 2007, en la conferencia de GCN (ahora Q Christian Fellowship o QCF), tuve la oportunidad que muy pocos evangélicos heterosexuales pueden llegar a tener; pude echar un vistazo detrás del telón e inmediatamente vi que los cristianos LGBT con frecuencia tienen conexiones profundas con Dios, las cuales a menudo faltan o disminuyen en el resto del Cuerpo.

Los cristianos LGBT quieren mostrarnos estos extravagantes atributos de Dios. Metafóricamente, podemos ver la pierna, la cola y la trompa de Dios. Quieren mostrarnos la oreja y el vientre.

E igualmente importante, buscan la inclusión total. ¿Quiénes somos para apartarnos y rechazar a los que quieren tener acceso a Dios y a Jesucristo?

En un intento de descartar el enfoque reciente en la fe y los problemas LGBT, me dijo un pastor. "El movimiento del que formas parte es extremadamente pequeño por una razón". Ah, pero esa es la naturaleza de los movimientos proféticos en el cristianismo, así como los llamados a la justicia.

Un mensaje de diez toneladas en dos direcciones

El título del libro *Atravesando el cañón sin puente* trata de imitar los cañones montañosos cerca de mi casa en la Sierra Nevada, donde hago caminatas y me retiro a diario para conectarme con Dios y procesar mis pensamientos. Conocí a mi compañera de senderismo Netto quién es lesbiana, en esos cañones. Nuestra amistad fue el comienzo de mi viaje hacia la teología inclusiva.

Recientemente recordé un incidente del que me había olvidado. Para mí, este evento fue un indicio exacto del llamado del Espíritu Santo en mi vida. A principios de 2008, asistí a un evento local de enseñanza y predicación profética de tres días. El último día, el profeta visitante se tomó un tiempo para orar por cada persona en el grupo de menos de cien personas.

Yo era la siguiente en la fila, cuando, en lugar de poner sus manos sobre mí y orar, el profeta me miró intensamente y dijo: "Vuelve temprano del almuerzo, pero ven sola a mí. Quiero orar por ti cuando no haya nadie más".

En privado, oró y me dijo: "Dios te ha dado un mensaje de diez toneladas para que hables dentro y fuera de la iglesia. No intentes hablar el mensaje sin construir un puente de diez toneladas en cada dirección que sostendrá tu mensaje. Lograrás esto a través de las relaciones, la sabiduría y la comprensión. Espera hasta que las estructuras estén correctamente construidas antes de hablar ".

Sin yo interrumpir o decir algo, agregó: "Sé lo que se te está pidiendo que hagas. Si le diese aprobación públicamente a tu trabajo, estaría en problemas. Te lo digo, hazlo, Dios está en eso".

A mis queridos creyentes en Jesucristo, indecisos o que no sean afirmantes de las personas LGBT, que están luchando con el tema de la aceptación, o quizás la inclusión total y equitativa de las personas LGBT en sus congregaciones, aquí está mi "mensaje de diez toneladas": el Reino de Dios es inclusivo, sin excepciones. Dios no excluye a sus hijos lesbianas, gays, bisexuales y transexuales.

Si eres LGBT, o más específicamente, un creyente LGBT, este es mi "mensaje de diez toneladas" para ti: tu orientación sexual o identidad de género no es, ni ha sido nunca, un factor descalificador o limitante para tener una relación personal con Jesucristo, o inclusión en el Reino de Dios.

Algunos términos para clarificación

Desafortunadamente, las palabras y las etiquetas pueden dividir o incluso parecer menos honradoras de un grupo que de otro. Hay términos aceptados que se utilizan regularmente como parte de esta discusión global. Verá estas palabras utilizadas en *Atravesando el cañón sin puente*, otros escritos de este género y aquí en esta guía.

La teología es el estudio de Dios. No necesitas un título del seminario; la gente común puede estudiar a Dios. La teología describe una relación personal con Dios, las reglas para la interacción con Dios y nuestro comportamiento posterior y el trato hacia los demás.

La ideología puede ser religiosa o secular, y es un conjunto de creencias, reglas, pautas o teorías sostenidas por un grupo o un individuo.

- La teología y la ideología no inclusivas que excluyen a los cristianos LGBT se denominan de la siguiente manera: no afirmante, excluyente, tradicional, conservadora y ortodoxa, por nombrar algunas.

- La teología e ideología inclusiva que acepta a los cristianos LGBT como iguales en estatus a los cristianos heterosexuales se denominan de la siguiente manera: afirmante, progresista, revisionista y liberal, por nombrar algunas.

El dogma es la verdad esencial de la fe. Dogma abarca creencias centrales fundamentales que incluyen un Dios Creador, Su único Hijo Jesucristo nació, sufrió por nuestros pecados, murió y resucitó, ascendió al cielo para hacer un camino hacia Dios para aquellos que creen en Él para el perdón de los pecados, y la vida eterna.

La doctrina son enseñanzas secundarias de la fe, con diferencias inherentes de interpretación, a menudo asociadas con la tradición. Tener diferentes doctrinas no excluye (o no debería) a una persona del Reino de Dios, es decir, seguridad eterna, o no; bautismo o Espíritu Santo, o no; hablar en lenguas o no; mujeres en el liderazgo, o no.

Las opiniones son un tercer nivel de creencias que, nuevamente, no excluyen a las personas del Reino. Aquí hay una gran variedad de diferencias. Las Escrituras pueden tener pautas sobre estos temas, pero no son dogmáticas ni doctrinales, es decir, cómo bautizamos, comulgamos, adoramos y adoptamos códigos de vestimenta restrictivos.

Dependiendo de los sistemas de creencias o las diferencias denominaciones, algunas personas pueden elevar doctrinas u opiniones a dogmas. Sería útil tener claras las definiciones utilizadas en sus debates.

SECCIÓN UNO
Pensamientos iniciales y preguntas para conversar

Incluso cuando se utilicen las mismas colecciones de información, hechos e historias bien investigadas de personas LGBT, es posible que los participantes del estudio no lleguen a las mismas conclusiones sobre la orientación sexual o la identidad de género y su intersección con la fe. Con frecuencia habrá un rango de creencias porque cada uno de nosotros evaluamos eventos, personas y versículos de la Biblia a través de filtros personales desarrollados a través de nuestras experiencias de vida, interacciones, educación y la forma en que procesamos el conocimiento.

Agregue a esto los eventos sociales que vinieron antes que nosotros, y en nuestras propias vidas, sobre los cuales no tenemos control. Todo esto se une para convertirse en la base de lo que entendemos y creemos. Luego agregue a todo eso una capa espiritual, única para cada uno de nosotros, moldeada por nuestra teología, las enseñanzas bíblicas a las que hemos estado expuestos y nuestra relación personal con Dios y nuestros puntos de vista. No es de extrañarnos, entonces, que podamos llegar a diversas suposiciones y conclusiones sobre una variedad de temas. Esto es lo que los psicólogos cognitivos llaman un "esquema cognitivo", y cada persona tiene una forma de filtrar los eventos de la vida, lo que hace que la perspectiva de una persona sea única.

Al realizar este estudio, puede haber ocasiones en las que se encuentre sosteniendo dos creencias o ideas contradictorias. La información nueva que entra en conflicto con las convicciones mantenidas durante mucho tiempo puede causar un estrés mental muy real llamado "disonancia cognitiva". Las personas reaccionan de diversas formas cuando se enfrentan a una disonancia cognitiva: algunos se retiran a capullos seguros para estar con pensadores similares, y otros optan por soportar la tensión incómoda y seguir adelante, arriesgando la posibilidad de que hayan tenido creencias erróneas.

Es posible que los participantes quieran pensar en cómo y dónde retirarse con seguridad si algunas discusiones se vuelven demasiado difíciles para ellos. Esto podría suceder para los participantes LGBT involucrados en discusiones con entornos convencionales no inclusivos.

En *Atravesando el cañón sin puente* en las primeras páginas (págs. 1-8), compartí mi historia de incomodidad cuando vi las palabras "gay" y "cristiano" una al lado de la otra. Debido a que ya estaba en un lugar inestable en mi propia vida, procesando el final de un matrimonio y un divorcio, en lugar de "decirle" hipócritamente a otra persona cómo vivir, estaba preparada para escuchar y aprender.

Del mismo modo, los padres conservadores con niños LGBT con frecuencia pasan por el dolor de la disonancia cognitiva cuando su hijo(a) sale del armario. Saben lo que han oído sobre las personas gay y transgénero y, de repente, ese estereotipo es su propio hijo.

Como utilizar esta guía

Aunque *Atravesando el cañón sin puente* es una lectura accesible, también está bien investigada y es académica y contiene casi 500 notas a pie de página. Parte de la intención del libro es disipar mitos y suposiciones sin fundamento. Se les anima a los participantes que utilicen esta guía en entornos grupales a que aporten información adicional a la discusión grupal, pero tengan el cuidado de seleccionar y ofrecer información solo de fuentes respetadas, creíbles y bien consideradas. Uno de los objetivos de este proceso es mejorar la capacidad de discernir buena información de la mala información para que los participantes puedan desarrollar y apoyar la ideología y la teología basadas tanto en el conocimiento como en la sabiduría.

La guía de estudio está destinada a ser utilizada con *Atravesando el cañón sin puente*, disponible en formato impreso, libro electrónico y audio. La guía está dividida en nueve secciones que se pueden adaptar fácilmente para estudio personal o grupal. La audiencia de este libro son las comunidades cristianas.

Se indican claramente los capítulos y partes correspondientes del libro de *Atravesando el cañón sin puente* para cada sección de la guía de estudio. Cuando corresponda, también se indican los números de página necesarios para ayudar a responder las preguntas.

Reunirse como grupo, o no

Si los participantes se reúnen en grupo, y el tiempo y las instalaciones lo permiten, una excelente primera reunión sería reunirse para comer, cubrir la información en la introducción de la guía y discutir las preguntas al final de esta sección. Es importante que los miembros de su grupo creen conexiones. Compartir historias, preocupaciones y metas creará relaciones, en lugar de crear oponentes con opiniones. Establecer una base resultará constructivo a medida que se involucre en intercambios más desafiantes.

Para algunos participantes, este puede ser un proceso difícil e incluso estresante; mientras que, para otros, puede convertirse en un proceso liberador y lleno de alegría.

Cualquiera que sea la dinámica, hay un gran valor en la comunidad, ya sea que compartamos alegrías o aprendamos a expandirnos y amar a aquellos con quienes no estamos de acuerdo. Recuerde valorar, respetar e incluir la opinión de cada persona. Pablo, en 1 Corintios 12, nos recuerda que todos somos partes del Cuerpo de Cristo y que cada persona es esencial para el Cuerpo.

Probablemente, habrá personas en su grupo que hayan dedicado años al estudio de la Biblia, o incluso a la capacitación en seminarios, o quizás tienen habilidades lingüísticas del griego y hebreo. Todavía nadie tiene todas las respuestas; incluso los eruditos bíblicos más educados y respetados están en desacuerdo sobre estos temas. Por lo tanto, todos los comentarios de los participantes deben ser reconocidos para facilitar sesiones respetuosas.

Puede, o no, elegir nombrar un líder de discusión para su grupo. Las cosas podrían ponerse reñidas. Durante las secciones y preguntas más difíciles, recuerde volver a un terreno común, que probablemente sea su fe en Jesús, el deseo compartido de reflejar mejor el carácter de Dios en su vida, o algo tan primordial como crear espacios más seguros para los jóvenes LGBT en su vida. iglesias. Los participantes pueden considerar comprometerse a evitar discusiones reñidas y actitudes despectivas. Sea humilde, dispuesto a aprender y abierto a escuchar. Orar.

Si es posible, invite a cristianos gays, lesbianas, bisexuales o transgénero a formar parte de su grupo de estudio. Comuníquese con los padres de niños gays o transgénero. Aunque que los cristianos heterosexuales pueden *creer* que se están comportando de manera excelente al dar la bienvenida y extender el amor incondicional, el escuchar la perspectiva de las personas LGBT o de sus padres pudiera sorprenderte e informarte.

No todas las personas podrán participar de manera práctica o emocional en este proceso en un entorno grupal. La guía de estudio también es para esta persona.

No es necesario que todos terminen en el mismo lugar. Después de todo, este es un proceso en el que he estado involucrada durante muchos años.

Que el Espíritu de Dios le guíe, le enseñe, le dé sabiduría y rompa barreras en la mente y el corazón.

Gracias por invertir su tiempo.

PARA CONVERSAR Y CONSIDERAR

1. ¿Cuáles son sus razones personales, y quizás sus metas, para estudiar la historia de la discriminación cultural y religiosa de la comunidad LGBT? Comparta brevemente por qué este estudio es de su interés.

2. Se estima que hay entre 21.000 y 43.000 denominaciones cristianas en el mundo. Los cristianos claramente tienen puntos de vista diferentes sobre las interpretaciones de las Escrituras, así como también sobre diversas formas de expresar el dogma, las doctrinas y las opiniones de su fe.

    Si está haciendo este estudio como parte de un grupo, es probable que surjan desacuerdos. Un dicho germano-luterano de 1627 no atribuido a ningún autor dice: *"En lo esencial, unidad; en asuntos dudosos, libertad; en todas las cosas, caridad ".*

    Pensando en esta declaración y recordando las distinciones entre dogma, doctrina y opiniones, ¿cuáles crees que son los "elementos esenciales" de la fe cristiana? ¿Está dispuesto a considerar lo que no es esencial como diferencias doctrinales mientras sigue honrando y amando a sus hermanos y hermanas en Cristo que pueden diferir radicalmente de sus creencias no esenciales?

3. Si no es afirmante de la orientación o identidad LGBT o está indeciso, es probable que se enfrente a información, ciencia e historias de personas LGBT que sean

contrarias a su comprensión. Las creencias que tiene como "seguras" pueden ser desafiadas con nuevas percepciones.

Pensando en la "disonancia cognitiva", ¿cómo maneja las ideas o creencias en conflicto?

¿Puede pensar en un momento en que la realidad se enfrentó a sus creencias religiosas profundamente arraigadas? ¿Cuál era la situación? Si pudiste resolver la tensión de la disonancia cognitiva, ¿cómo lo hiciste?

4. ¿Tiene amigos cercanos o familiares que sean gay, lesbianas, bisexuales o transgénero? Si se siente cómodo contándoles a los otros miembros de su grupo acerca de esta relación, por favor comparta.

¿Su relación con esta persona o personas ha cambiado sus puntos de vista o estereotipos preconcebidos de lo que pudiste haber pensado anteriormente sobre lo que es ser gay, lesbiana, bisexual o transgénero? Si es así, ¿de qué manera?

5. Bien, desafío final y volveremos a examinar esta misma pregunta al final del estudio. Quiero que se califique en una "escala de aceptación" del 1 al 9. Mi amigo australiano, Anthony Venn-Brown, ha creado una escala de autoevaluación que indica dónde podría estar una persona en un espectro que va desde la intolerancia hasta la afirmación de la inclusión total de los cristianos LGBT. en iglesias. Esta escala aparece en el capítulo final de *Atravesando el cañón sin puente*.

Si se siente cómodo compartiendo dónde cree que está en esta escala, hágalo con su grupo. De lo contrario, fíjese en silencio dónde podría estar posicionado.

1. *Aversión:* Uno de los primeros obstáculos que deben superar algunos heterosexuales o comunidades religiosas es su aversión por pensar siquiera en el com-

portamiento del mismo sexo, en particular en el sexo entre hombres. En lugar de pensar en las personas gay como seres humanos, las ven principalmente en el contexto de un acto sexual.

2. *Negatividad u hostilidad:* Un rechazo a las personas basado en el supuesto de que son el enemigo. Un cambio de actitud hacia un deseo intencional de ver la imagen de Dios en aquellos que no son como nosotros ayudará a mover a la congregación o al creyente al siguiente paso, que es...

3. *Deconstruir los estereotipos negativos sobre las personas LGBT*: Estereotipos como que todos los hombres gays son promiscuos y secretamente quieren ser mujeres y que las lesbianas son anti-hombres pueden contrarrestarse conversando con personas y parejas LGBT.

4. Creando seguridad: Hacer que las personas LGBT se sientan realmente bienvenidas en su iglesia creando un lugar seguro para el culto y para un diálogo abierto que no busque cambiar su orientación. Muchos creyentes LGBT han salido de iglesias donde se les ha impuesto condiciones para cambiar. Abordar esta preocupación directamente ayudará a crear seguridad.

5. *Aprender y estudiar*: Realizar un estudio abierto de los seis pasajes de las Escrituras que se utilizan para crear una ética moderna con respecto a la homosexualidad. La mayoría de los cristianos LGBT han examinado estos versículos, mientras que la mayoría de los cristianos heterosexuales no lo han hecho.

6. *Deliberar*: Discutir abiertamente la política de la iglesia con respecto al celibato, el servicio, la membresía y los asuntos relacionados con los creyentes gay.

7. *Consideración de los derechos federales*: Tener conversaciones abiertas sobre cómo los matrimonios reconocidos a nivel federal pueden afectar a su congregación.

8. *Aceptar*: Dar la bienvenida a lesbianas y gays comprometidos en relaciones en pie de igualdad con aquellos en relaciones heterosexuales.

9. *Afirmar*: Permitir que los cristianos LGBT utilicen la gama completa de sus dones ordenados por Dios en servicio dentro de la comunidad de fe.

SECCIÓN DOS
Las primeras concepciones del comportamiento entre el mismo sexo y los gays en la cultura estadounidense hasta la década de los 60

Resumen desde la página 1-94 de *Atravesando el cañón sin puente*.

Si se le preguntara a una persona que vivió antes del cambio del siglo XX sobre su orientación sexual, la pregunta la habría desconcertado. Aunque vemos descripciones del comportamiento entre el mismo sexo desde los antiguos griegos, y dentro de las páginas del Antiguo Testamento, la gente no habría entendido términos o conceptos como "heterosexual" u "homosexual".

La forma en que se percibió el comportamiento entre el mismo sexo en varios períodos de tiempo se puede dividir a lo largo de una línea cronológica en cuatro puntos de vista distintos. Las divisiones no están definidas por marcadores de años precisos. El cambio de conciencia a menudo se inicia en comunidades de pensamiento aisladas antes de migrar a la cultura general durante un período prolongado.

Antes del cambio de siglo, el comportamiento entre personas del mismo sexo se consideraba el resultado del exceso sexual, la lujuria y, en el caso del Antiguo Testamento, la violación como una forma de violencia y vergüenza. Los hombres podían hacer lo que quisieran con sus cuerpos mientras permanecieran en el papel dominante como penetradores sexuales. De manera abrumadora, la forma más común de interacción entre personas del mismo sexo eran los hombres que tenían relaciones sexuales con niños, o los hombres que tenían relaciones sexuales con hombres que vivían en estratos sociales mucho más bajos (esclavos, prostitutas, clases bajas) que el penetrador dominante.

La relación entre el hombre y el joven se toleraba siempre que el joven desempeñara el papel femenino (penetrado).

La segunda división de la percepción de la conducta entre personas del mismo sexo se produjo en 1868. Karl Kertbeny introdujo una noción radical de que la sexualidad podía definirse, no por el papel que uno desempeña en el sexo (dominante / penetrador / masculino o sumiso / penetrado / femenino) sino por el *objeto* de la atracción sexual de uno. Kertbeny acuñó varias palabras incluyendo heterosexual y homosexual. Estos términos se usaron por primera vez en un diccionario médico en los Estados Unidos en 1901, se pronunciaron por primera vez en una conferencia médica en 1911 y se definieron por primera vez en el diccionario en 1934. [Nota del traductor: la palabra homosexual no se acuñó en el español hasta el año 1936.]

Hasta aproximadamente la década de 1920, el comportamiento entre el mismo sexo entre hombres (a diferencia de hombres con niños) todavía se toleraba entre hombres de clase alta y hombres de clase baja, sin embargo, un hombre todavía era visto como el penetrador masculino dominante y el otro jugaba como el sumiso penetrado papel de una mujer. Después de aproximadamente 1920, hubo un cambio hacia hombres de igual estatus social involucrados en relaciones románticas y sexuales.

Los sexólogos expertos y teoristas, en su mayoría de Alemania y Austria, comenzaron a formular ideas sobre por qué los hombres podrían sentirse atraídos sexualmente por otros hombres de igual estatus. ¿Podría ser que uno de los hombres tuviera la psique de una mujer dentro de él manteniendo así los roles sexuales dominantes y sumisos? Esta teoría cobró sentido a medida que la comprensión de la sexualidad humana pasó del *papel desempeñado* al *objeto* de atracción. Después de todo, un hombre solo permitiría ser penetrado si tuviera una psique femenina en el interior. Por lo tanto, el término "inversión sexual" o "inversión sexual" se usó para aquellos que llegaríamos a conocer como homosexuales.

A principios del siglo XX, Sigmund Freud, el padre del psicoanálisis, introdujo la idea de que los hombres se sentían atraídos por los hombres como resultado de un desarrollo defectuoso de la infancia a la niñez. Sin embargo, al final de su vida, Freud abandonó sus teorías y vio la homosexualidad como una expresión natural de la sexualidad humana.

A medida que aumentaban la conciencia médica y las teorías sobre la homosexualidad, su presencia se hacía más visible. Una sequía prolongada de fines del siglo XIX en Estados Unidos, junto con la floreciente revolución industrial, llevó a grandes poblaciones masculinas a las ciudades. En entornos de un solo sexo, nunca antes disponibles para grupos grandes, algunos hombres comenzaron a sentir que se sentían más atraídos por los hombres que por las mujeres.

Los límites de género entre los roles de hombres y mujeres habían sido sólidos antes del cambio de siglo. Luego, Estados Unidos entró en un período de ajuste y recuperación de esos límites cuando comenzaron a difuminarse a medida que las mujeres se educaron y se mudaron a las ciudades para obtener empleos industriales y de apoyo en la industria. Bajo el liderazgo del presidente Teddy Roosevelt, surgió un imperativo nacional de convertirse en "hombres varoniles". Las amistades masculinas físicamente cercanas que alguna vez fueron aceptables fueron menospreciadas, y aquellos que se sentían atraídos por personas del mismo sexo se volvieron más obvios.

Al principio, la ley seca normalizó un poco a los homosexuales / invertidos sexuales en las escenas sociales de los rugientes años 20. Sin embargo, con su derogación y posterior regulación de las licencias de los bares, los homosexuales comenzaron a ser marginados y expulsados de los bares y lugares públicos de reunión por preocupaciones "morales".

Los inicios de la psicoterapia sobre la homosexualidad en los Estados Unidos

La Segunda Guerra Mundial en Europa expulsó a los expertos en sexo y psicoanalistas austríacos y alemanes, que una vez pertenecieron a la escuela de teoría sexual de Freud, fuera de los territorios controlados por Hitler, predominantemente a Inglaterra y Estados Unidos. En lugar de introducir sus teorías progresistas sobre la sexualidad humana en los Estados Unidos victorianos y aislacionistas, estos médicos inmigrantes refrenaron su pensamiento progresista y se convirtieron en teóricos del sexo conservadores. Luego establecieron el grupo central de psicoterapeutas que crearon teorías sobre por qué los hombres tenían relaciones sexuales con hombres.

Bajo su influencia, estaba a punto de producirse el siguiente cambio radical en la percepción del comportamiento entre personas del mismo sexo; la homosexualidad fue patologizada y categorizada como una enfermedad mental. En particular, hubo muy poca preocupación por lo que las mujeres podrían haber estado haciendo sexual o íntimamente con otras mujeres.

Mientras prestaban atención a los homosexuales solo en entornos terapéuticos, los terapeutas continuaron construyendo teorías sobre qué causaba la homosexualidad. Para nuestra sensibilidad moderna, cada una de las opiniones desarrolladas en Estados Unidos durante un lapso de cincuenta años era absurda.

¿Se perdieron los homosexuales el "período oral" definido por Freud y sustituyeron el pecho de la madre por el pene masculino a medida que se convertían en adultos, reemplazando así la leche materna con semen? (Bergler) ¿Podrían someterse a corrección y regresar al estado "natural" de heterosexualidad a través de técnicas de modificación de comportamiento, incluida la terapia de electrochoque o con la ayuda de medicamentos administrados que inducen el vómito, mientras el paciente ve pornografía gay? ¿Quizás realizar lobotomías o inyectar hormonas femeninas en un hombre detendría sus deseos homosexuales? Otra teoría popular sugirió que las madres que se relacionaban "demasiado cercanas" con sus hijos mientras eran "abandonados" por padres alejados hacían que un niño se volviera homosexual. (Rado) Todas estas eran teorías que no estaban respaldadas por la ciencia o la investigación.

Los gays estadounidenses en la cultura desde la década de 1940 hasta la de 1970

Después de la Segunda Guerra Mundial, Estados Unidos experimentó lo que los historiadores han llamado la "creación de la familia tradicional". Un gran número de mujeres que habían trabajado en tiempos de guerra se fueron, se fueron a casa, se casaron jóvenes y tuvieron más bebés en períodos de tiempo más cortos. Aquellos que se sentían atraídos por personas del mismo sexo se hicieron más notorios en una sociedad altamente heteronormativa recién creada.

En 1948, el Dr. Alfred Kinsey publicó el primer estudio realizado sobre el comportamiento sexual de los hombres estadounidenses. Aunque presentaba fallas en la población de encuestados seleccionada, los estadounidenses, que nunca antes habían discutido abiertamente las actividades en el dormitorio, comenzaron a imaginar que un tercio de todos los hombres participaban en actos homosexuales. ¡Los homosexuales estaban por todas partes! Los psicoterapeutas estaban preparados para ayudar a "controlar" el ataque con la implementación de sus teorías.

Estados Unidos entró en un período desenfrenado por el miedo y la paranoia. La población creía que tanto los comunistas como los homosexuales estaban "en todas partes" amenazando a la familia, el país y el tejido mismo de todo lo que Estados Unidos representaba. A medida que se desarrollaba la histeria del comunismo de la Guerra Fría, la comunidad gay seguía siendo el foco del miedo y la sospecha.

Las leyes de "pervertidos sexuales" aprobadas en la mayoría de los estados penalizaban incluso los actos consensuales entre personas del mismo sexo realizados en privado. Las fuerzas médicas, culturales, gubernamentales y legales combinadas perseguían a las personas gay y los obligaron a esconderse más profundamente. Fran k Kameny, despedido de su trabajo como astrónomo del gobierno federal en 1956, fue el primer activista gay estadounidense en contraatacar.

PARA CONVERSAR Y CONSIDERAR

1. Hasta ahora, hemos definido tres períodos de tiempo, cada uno con diferentes percepciones del comportamiento entre personas del mismo sexo. Discuta estas diversas percepciones del comportamiento entre personas del mismo sexo y cómo cambiaron entre diferentes períodos de tiempo, incluida la dinámica que puede haber causado que las percepciones cambien. (Capítulos 1 y 2)
2. ¿Qué visión radical sobre la sexualidad humana introdujo Karl Kertbeny y cuándo? ¿Cómo categorizó Kertbeny a las personas? ¿Encuentra algo particularmente interesante sobre la definición original de Kertbeny de "heterosexual"? ¿Cuándo aparecieron por primera vez las palabras "heterosexual" y "homosexual" en un diccionario médico? ¿Cuándo aparecieron por primera vez en un diccionario estadounidense común? (págs. 21-23)
3. Veamos el lapso de tiempo desde la década de 1860 hasta la de 1940 en Estados Unidos. Si bien las perso-

nas atraídas por personas del mismo sexo han existido a lo largo de la historia, ¿cuáles son algunas de las posibles razones por las que es posible que no hayan reconocido sus propias atracciones por personas del mismo sexo? ¿Qué cambios tuvieron lugar a principios del siglo XX que contribuyeron a la creación de entornos en los que las personas pudieron haber podido explorar sus atracciones hacia el mismo sexo por primera vez? (págs. 29-34)

4. Examinemos el significado de los términos despectivos utilizados para etiquetar a los hombres homosexuales. Explique cómo los términos específicos se originaron como insultos contra las mujeres y se conocieron para describir a hombres que tenían relaciones sexuales con niños, o varones sumisos, y luego a hombres que tenían relaciones sexuales con hombres. ¿Discute el significado de estos términos y sus conexiones con las mujeres, los rasgos femeninos y los roles de las mujeres? (págs. 34-37)

5. Freud introdujo las primeras teorías psicoanalíticas sobre las causas de la homosexualidad. Al final de su vida, ¿qué dijo sobre la homosexualidad?

6. Las actividades sexuales de mujeres o entre mujeres generalmente pasan desapercibidas. Freud postuló que las mujeres que disfrutaban del sexo padecían trastornos mentales. ¿Por qué cree que las actividades sexuales de las mujeres recibieron mucho menos escrutinio que las actividades sexuales de los hombres? (págs. 39-43, 49-50)

7. El capítulo dos de *Atravesando el cañón sin puente* es uno de los capítulos más importantes del libro, pero su información es en gran parte desconocida. Discuta las opiniones psicoanalíticas cambiantes de las causas de la homosexualidad desde finales del siglo XIX hasta los

setenta. Incluya una conversación sobre el trabajo del Dr. Alfred Kinsey, así como el trabajo de otros médicos e investigadores no psicoanalistas como el Dr. George Henry (págs. 53-66).

8. Discuta la opresión del gobierno y los sistemas legales que sufrió la comunidad gay desde la década de 1940 hasta la de 1960. Asegúrese de incluir observaciones sobre la Orden Ejecutiva 10450 y su impacto, incluida la forma en que se promulgó. ¿Qué tácticas se emplearon para controlar y erradicar a los homosexuales en Estados Unidos desde finales de la década de 1940 hasta finales de la de 1960? ¿Cómo reaccionas a esta información? (págs. 75-90)

9. ¿Quién fue Frank Kameny y cuál es su importancia en la historia del movimiento por los derechos de los homosexuales? (págs. 90-94)

SECCIÓN TRES
Hacia la libertad social, médica, cultural, gubernamental y legal, luego hacia la opresión religiosa

Resumen de las páginas 95-172 de *Atravesando el Cañón sin puente*

Los psicoanalistas, sin el beneficio de investigaciones o estudios, controlaron las opiniones "expertas" sobre las posibles causas de la homosexualidad hasta la década de 1970. Aunque los psicólogos, psiquiatras, psicoterapeutas e incluso el sexólogo Kinsey añadieron al creciente cuerpo de información sobre la homosexualidad, los psicoanalistas habían sido elevados a una torre de marfil casi impenetrable de dominio de la opinión en el campo. De hecho, no fue hasta 1991 que la Asociación Psicoanalítica Estadounidense (APsaA) permitió que gays y lesbianas se convirtieran en analistas de formación.

Desde dentro de las filas de la Asociación Psicológica Estadounidense (APA), igualmente dominada por hombres, la Dra. Evelyn Hooker fue desafiada por sus amigos homosexuales a estudiar a los homosexuales "normales y cotidianos" en la cultura, en contraposición a los que se encuentran en entornos terapéuticos. Su sugerencia fue un pensamiento curioso y sorprendentemente radical para la década de 1950.

Hoy en día, valoramos y entendemos el peso académico de los estudios revisada por pares y la importancia de los grupos de control, sin embargo, antes de D r. El estudio de Hooker, ninguno de los dos se había utilizado para evaluar y valorar la homosexualidad.

La Dra. Hooker presentó sus hallazgos a una audiencia silenciosa en la convención de la APA de 1956, donde afirmó que no había diferencias patológicas entre heterosexuales y homosexuales. Lamentablemente, los hallazgos de Hooker no terminaron mágicamente, ni parecieron siquiera impactar, las actividades opresivas de los médicos, ámbitos gubernamentales, legales y culturales.27

Más de una década después, en 1969, el Instituto Nacional de Salud Mental para escribir un artículo para el Grupo de Trabajo sobre Homosexualidad. En el informe, reiteró sus hallazgos, pero la Administración de Nixon retuvo el documento para que no se publicara. Estados Unidos estaba en una época de gran malestar social; los movimientos pacifistas, de derechos civiles y feministas estaban en pleno apogeo. El hecho de que los homosexuales salieran del armario se habría sumado al malestar generalizado de la generación joven del baby boom, por lo que la información de Hooker fue retenida porque era "demasiado liberal y tolerante".

Los primeros activistas homosexuales estaban comenzando a participar en disensiones y protestas locales para exigir el cese de las prácticas discriminatorias. Sin embargo, no hubo activismo gay "nacional". Recuerde algunos de los eventos aislados citados en *Atravesando el cañón sin puente*: el "Last Dance Raid" - una acción brutal de los oficiales de policía de San Francisco contra los asistentes homosexuales y transgénero de un baile de fin de año patrocinado por pastores heterosexuales principales; el motín en la Cafetería Compton - las trabajadoras sexuales trans y transexuales económicamente marginadas se enfrentaron al acoso regular y constante de la policía de San Francisco ; y finalmente, la más famosa de todas las protestas: el motín de 1969 en el Stonewall Inn en la ciudad de Nueva York.

Simultáneamente, la presión desde dentro de la Psicología Estadounidense La Asociación, la APsaA y la Asociación Estadounidense de Psiquiatría (APA) comenzaron a montar principalmente a partir de miembros con licencia cerrados. Los primeros activistas homosexuales, incluido Kameny, leyeron una copia no autorizada publicada del informe de Hooker en 1970. Esto inició llamamientos de un puñado de activistas homosexuales que exigían que sus voces fueran escuchadas como aportaciones relevantes a las discusiones sobre la homosexualidad que estaban ocurriendo dentro de las organizaciones terapéuticas.

Durante los siguientes tres años, se invitó a algunos activistas homosexuales a albergar puestos de información, hablar y participar en paneles en las conferencias médicas.

Los siguientes dos relatos que cubro con más detalle en mi libro se encuentran entre mis historias favoritas. El primero es cómo el terapeuta gay Dr. John Fryer, recientemente despedido de un trabajo en UPenn bajo sospecha de que era gay, disfrazado con un esmoquin de gran tamaño y una máscara de Nixon, apareció en la conferencia de la Asociación Americana de Psicología para responder preguntas desde el punto de vista de ser un hombre gay y un terapeuta autorizado.

La segunda historia es el relato de un psiquiatra militar gay perdido que encontró el coraje de admitir ante sí mismo que era gay después de escuchar al activista gay Ron Gold debatir sobre el Dr. Robert Spitzer de la Asociación Estadounidense de Psiquiatría. Más tarde esa noche, el médico militar fue al mismo bar donde el GayP A (un grupo de psiquiatras homosexuales) se estaba reuniendo en secreto y Spitzer, un invitado de Gold's, estaba observando. La escena emocional hizo que Spitzer, el jefe del Comité de Nomenclatura y Designación de la Asociación Estadounidense de Psiquiatría (el grupo que estaba a cargo de enumerar patologías para el Manual de Diagnóstico y Estadísticas de la APA (DSM) de enfermedades mentales) sugiriera que la homosexualidad fuera eliminada del DSM como una enfermedad mental.

Las raíces del fundamentalismo y la fusión de la religión conservadora y la política

En 1973, la homosexualidad ya no se consideraba una enfermedad mental.

Probablemente te hayas dado cuenta, hasta ahora, que no se ha mencionado en mi libro o en la guía de estudio la presión sobre la comunidad gay proveniente de grupos religiosos. De hecho, los primeros grupos religiosos que hicieron alarde sobre la homosexualidad fueron algunos metodistas fundamentalistas viajeros que realizaban avivamientos en tiendas de campaña en el oeste de Texas. Sorprendentemente, el primer sermón anti-gay predicado desde un púlpito estadounidense importante fue pronunciado en septiembre de 1980 por el ex presidente de la Convención Bautista del Sur, W. A. Criswell.

A fines de la década de 1970, los líderes religiosos y teólogos estadounidenses aún no se habían comprometido con la teología cristiana, los académicos o la ética sobre la homosexualidad. Sin embargo, habían pasado veinticinco años desde que Derrick Sherwin Bailey, un sacerdote anglicano inglés, organizó un grupo de expertos para investigar las razones médicas, gubernamentales, legales, religiosas y sociales de la criminalización de la homosexualidad. Bailey pensaba que señalar a las personas sorprendidas en actos con el mismo sexo para enjuiciarlas penalmente era injusto. En su trabajo inicial y en el libro posterior, *Homosexuality and Western Tradition* (1955) (que en español se traduciría La homosexualidad y la tradición occidental), Bailey concluyó que la iglesia tenía la obligación de corregir el papel que había desempeñado en la creación y perpetuación de actitudes destructivas y leyes utilizadas para castigar a los invertidos sexuales (un término que Bailey prefería).

Es interesante notar que los cristianos conservadores no se volvieron uniformemente contra los homosexuales hasta 1978 cuando la homosexualidad, que ya no se consideraba una enfermedad mental, fue relegada, dentro de las filas de la iglesia, al "pecado". Aunque la palabra "homosexual" apareció por primera vez en la Versión Estándar Revisada de la Biblia en 1946, era una traducción "cultural" del "peor" pecado sexual del día: la "perversión" sexual de la homosexualidad. No pasó mucho tiempo después de que la homosexualidad fuera desclasificada como una enfermedad mental, que asumió el estigma de un pecado horrible y digno del infierno.

Para comprender mejor cómo la comunidad gay llegó a ser el centro de atención de la derecha conservadora, debemos remontarnos a la historia y comprender cómo se logró el apoyo del bloque de votantes no registrado más grande de Estados Unidos, y por qué eran tan políticamente deseables en los Estados Unidos a finales de la década de 1970.

En *Atravesando el cañón sin puente*, cuento el cómo El evangelicalismo se dividió en fundamentalistas y modernistas en la década de 1920. La recién publicada Biblia de referencia Scofield y el juicio del mono Scopes crearon puntos interesantes de tensión en la división evangélica.

Hasta la década de 1960, los partidos republicano y demócrata eran ideológicamente mucho más similares de lo que son hoy. El drenaje de votantes del Partido Republicano al Partido Demócrata comenzó cuando un gran número de católicos pasó del Partido Republicano al Partido Demócrata para apoyar a John F. Kennedy en su carrera por la presidencia. Los afroamericanos se retiraron del Partido Republicano para apoyar al presidente de la Ley de Derechos Civiles, Lyndon Johnson. Luego, pero en menor grado, algunos cristianos emigraron al Partido Demócrata para apoyar al primer presidente "nacido de nuevo" de Estados Unidos, el demócrata Jimmy Carter, en las elecciones de 1972.

A partir de las elecciones de 1964, el estratega político de Barry Goldwater, Paul Weyrich, comenzó a buscar cuestiones que pudieran involucrar al gran bloque de votantes cristianos no registrados lo suficiente como para obligarlos a registrarse, acudir a las urnas y votar por los republicanos. La histórica decisión de la Corte Suprema de 1962 que prohibió la oración escolar obligatoria no había sido un gran motivador para los cristianos no registrados. Aunque el caso de *la Universidad Bob Jones contra Estados Unidos* fue claramente sobre la ilegalidad de la política de admisión de BJU que le negaba el derecho de admisión a los estudiantes morenos; fue reposicionado para una audiencia cristiana como una amenaza a la exención de impuestos y un asalto a las libertades religiosas. Eso todavía no motivó el número de votantes cristianos necesarios para recuperar la Casa Blanca de las manos del demócrata Carter. Incluso luchar contra el problema del aborto no fue lo suficientemente fuerte como para reunir a los votantes conservadores. Después de todo, aunque los católicos del derecho a la vida se habían opuesto al aborto desde la década de 1960, la legalización federal del aborto en 1973 todavía no motivó a grandes grupos de votantes conservadores.

Es importante señalar una vez más que, a mediados de la década de 1970, las comunidades gay y transgénero surgían de la opresión cultural, médica, legal y gubernamental, y en muchas ciudades y municipios ya se estaban aprobando ordenanzas contra la discriminación.

En 1978, los comisionados del condado de Miami-Dade aprobaron una política de no discriminación: ningún empleado del condado podía ser despedido o impedido de ser contratado debido a su "preferencia sexual", el término utilizado entonces para la orientación. Anita Bryant, una popular portavoz nacional y ex reina de belleza, se inspiró en su pastor bautista para usar su influencia para organizar a los cristianos localmente para oponerse a la aprobación de la ordenanza de no discriminación. Bryant inició la campaña "Salvemos a nuestros niños", que obtuvo un éxito y un apoyo cada vez mayores al presentar a las personas gay como aquellos que reclutaban, amenazaban y abusaban sexualmente a los niños. Sus esfuerzos lograron que la ordenanza se rescindiera y se sometiera a votación pública. La ordenanza fue luego rechazada. La exitosa campaña de Bryant inspiró a los cristianos conservadores de todo el país a "notar" a los gays con una mayor sospecha. El activismo de Bryant también estimuló la respuesta generalizada de la comunidad gay y la impulsó a organizarse a nivel nacional en contra de la discriminación, la conciencia y la igualdad.

Bryant luego trajo su influencia a California a fines de 1978 en apoyo de la Enmienda Briggs para prohibir que los gays y lesbianas, y cualquier persona que apoye los derechos civiles para ellos, trabajen en las escuelas públicas de California. Harvey Milk, un miembro gay de la Junta de Supervisores de San Francisco y el primer político abiertamente gay en los EE. UU., animó a las personas gay a salir del armario, y miles lo hicieron. Mientras que la Enmienda Briggs fue derrotada, los estrategas políticos conservadores habían sido testigos de un problema divisorio que finalmente despertó al bloque de votantes no registrado más grande de Estados Unidos: la "amenaza" que traía el activismo gay para Estados Unidos.

La Mayoría Moral se formó en 1979 bajo el liderazgo del pastor Jerry Falwell con la intención de "salvarlos, bautizarlos y registrarlos". Ellos mostraron su influencia política de inmediato. Los primeros libros cristianos contra los homosexuales (aunque sin una base académica o teológica, sino una retórica alimentada por el miedo) comenzaron a emerger del mercado cristiano, comenzando con Tim LaHaye (de la serie posterior *Dejados atrás*) *The Unhappy Gays: What Everyone Should Know about Homosexuality (en español sería: Los infelices gays: Lo que todos deberían saber en cuanto a la homosexualidad)*. Sus escritos alimentaron aún más la desconfianza y el odio hacia las personas LGBT en Estados Unidos.

Con la esperanza de reemplazar a Carter con un republicano, la recién creada fusión de la política conservadora y la religión respaldó al republicano Ronald Reagan como su candidato. Los estrategas dejaron de lado el tema del aborto que había sido bastante ineficaz (Reagan, como gobernador de California, había aprobado la ley de aborto más liberal del país), y debían desviar la atención del divorcio y el nuevo matrimonio de Reagan (un tema que tan recientemente como 1964 se le había prevenido a Nelson Rockefeller obtener la nominación republicana). Afortunadamente para el Partido Republicano, el nuevo enfoque en el "tema de los gays" ofreció un punto común comprobado, aterrador y energizante para los cristianos conservadores.

PARA CONVERSAR Y CONSIDERAR

1. Revisamos varias teorías sobre las causas de la homosexualidad en la Sección Tres de la guía de estudio. Ninguna de las teorías fue el resultado de investigaciones o estudios que analizaron la vida de las personas gay en la población general. Los que estaban en terapia se convirtieron en el "rostro" de todos los homosexuales. Sabiendo esto, discuta la motivación y la importancia del trabajo de la Dra. Evelyn Hooker, junto con sus hallazgos. ¿Por qué cree que los miembros de la Asociación Psicoanalítica Estadounidense (APsaA), e incluso la APA, no aceptaron la validez de su trabajo? (págs. 95-101)

2. Los primeros activistas gays como Kameny, Gittings y Gold se sintieron frustrados por las teorías expuestas por miembros de las diversas organizaciones de terapia (tanto APA como APsaA). Los terapeutas dentro de las organizaciones hablaban de los gays, pero no con ellos.

Los hallazgos de la Dra. Evelyn Hooker en 1956 se habían ignorado durante más de una década. Cuando la prueba de su investigación finalmente resurgió en una impresión no autorizada en 1970, los activistas finalmente tuvieron el avance y la validación que necesitaban.

Cuente los eventos clave desde 1970 hasta 1973 dentro y fuera de la asociación médica que llevaron a la desclasificación de la homosexualidad como una enfermedad mental en el Manual de Diagnóstico y Estadísticas de la APA (DSM). (págs. 116-120)

Pida a alguien del grupo que lea en voz alta la historia del psiquiatra gay en el armario y discuta la emoción de esa reunión. (págs. 121-122)

3. En la década de 1950, Derrick Sherwin Bailey organizó un grupo de expertos para investigar las razones médicas, gubernamentales, legales, religiosas y sociales de la criminalización de la homosexualidad. Su trabajo pionero estableció una base excelente y académica a partir de la cual los cristianos estadounidenses podrían haber aprendido sobre los errores históricos y los conceptos erróneos sobre las personas gay, así como sobre cómo tratarlos de manera más compasiva y justa. Sin embargo, el trabajo de Bailey fue ignorado y ni siquiera se citó en los primeros libros cristianos contra los gays.

¿A qué información secular y cristiana tuvieron acceso los estadounidenses, y en particular los cristianos estadounidenses, sobre la comunidad gay? ¿Cómo influyeron estos recursos en la forma en que los estadounidenses veían y trataban a las personas gays? (págs. 101-106, 128-133, 160-163)

4. La división en la década 1920 de los evangélicos en fundamentalistas y modernistas sentó las bases para el fundamentalismo en los Estados Unidos. Analice la importancia de la Biblia de referencia Scofield, incluida la integridad del propio Scofield, las circunstancias y el impacto del juicio del mono de Scopes y la creación de un grupo de cristianos fundamentalistas política y socialmente aislados en los EE. UU. Desde la década de 1930 hasta la de 1970. (págs. 133-138)

5. Paul Weyrich fue un estratega espléndido del Partido Republicano. Analice algunos de los trabajos en los que participó y cómo condujo a la eventual fusión de la política conservadora y la religión. ¿Qué pensó su primer "jefe" Barry Goldwater sobre la posible fusión de religión y política? (págs. 139-141, 163-170)

6. Si un miembro del grupo de estudio, en particular un miembro LGBT, estaba entre la adolescencia y la edad adulta después de la década de 1960, pídales que relaten los mensajes culturales que escucharon sobre lo que era ser "un homosexual".

   Si eres LGBT y tienes esa edad, cuéntale al grupo el impacto que tuvieron en ti los libros, programas de televisión, líderes religiosos y mensajes políticos contra los gays o mal informados.

   Si no hay miembros LGBT en su grupo de estudio, ¿cuáles fueron los primeros mensajes que escuchó sobre las personas gay en la cultura, los entornos religiosos y dentro de su hogar?

   Si hay participantes de diferentes grupos de edad, pídales que compartan. Puede resultar interesante comparar cómo ha cambiado la mensajería a lo largo del tiempo.

7. Anita Bryant fue un punto central en torno al cual se unieron tanto el activismo gay como el activismo político y religioso conservador. ¿Alguno de los miembros de su grupo eran adultos durante este período de la historia? Pídales que le cuenten al grupo sus recuerdos de esta época, incluidas las reacciones a la campaña "Salvemos a nuestros niños".

   Como grupo, hablen sobre el activismo de Bryant y la respuesta del lado conservador político y religioso, así como sobre la influencia de Harvey Milk, el activismo nacional emergente y los principales eventos de protesta de gays y transexuales que se cubren en el capítulo.

8. ¿Puede ver alguna tendencia similar dentro de los entornos políticos actuales o recientes en los que los derechos civiles, el acceso o el matrimonio de gays o transgénero se utilizan para motivar a los votantes? (págs. 145-160)

SECCIÓN CUATRO

El origen y la política del VIH / SIDA y el sexo, el género y la orientación sexual

---

Resumen de las páginas 173-252 de *Atravesando el cañón sin puente*

VIH/SIDA

En *Atravesando el cañón sin puente*, hay un capítulo completo, "El origen del VIH / SIDA y la respuesta político-cristiana", dedicado a abordar el VIH / SIDA. La información presentada puede demoler los mitos sobre los orígenes de la enfermedad, brindar a los lectores hechos e información probablemente desconocida, impartir una mejor compasión cristiana por las personas que viven con el VIH / SIDA y exponer los graves errores cometidos por los líderes religiosos y políticos en el apogeo de la crisis del SIDA desde 1980 hasta la década de 1990.

Este es un capítulo importante que requiere una examinación cuidadosa. En el momento de escribir este artículo, más de 650.000 estadounidenses y 40 millones de personas en todo el mundo han muerto de SIDA. Otro millón de estadounidenses y 35 millones de personas en todo el mundo viven con el VIH. Las mujeres representan más de la mitad (52%) de todas las personas que viven con el VIH en todo el mundo. El 97% de todas las personas que viven con el VIH residen en países de ingresos bajos y medianos, especialmente en el África subsahariana. En 2012, hubo 2,3 millones infecciones nuevas del VIH en todo el mundo, la mayoría de las cuales se transmitieron por vía heterosexual. En el mismo año, había 3,3 millones de niños que vivían con el VIH, el grupo más grande del África subsahariana.

Los cristianos conservadores perdieron una enorme oportunidad de servir, ayudar y sanar en las décadas de 1980 y 1990; de hecho, se sumaron a la abrumadora agonía de quienes vivían con el SIDA. Necesitamos comprender mejor la enfermedad. Empecemos por ahí.

El SIDA se identificó por primera vez en Estados Unidos en 1981 y se asoció con un grupo de hombres gay en el área de Los Ángeles y parecía estar asociado con un cáncer de piel y / o neumonía. En los informes iniciales, se hacía referencia al SIDA como una enfermedad de los gays o inmunodeficiencia relacionada con los gays (GRID).

El sistema inmunológico humano puede eliminar la mayoría de los virus. Eso no sucede con el VIH (virus de inmunodeficiencia humana) porque ataca el sistema inmunológico. El virus se puede transmitir de persona a persona de varias formas: a través de los fluidos corporales (sangre, saliva, moco anal, semen, fluido pre-seminal, fluidos vaginales y leche materna), de madre a hijo durante el embarazo o en nacimiento, y entre usuarios de drogas intravenosas a través de intercambios de sangre con agujas.

El SIDA (síndrome de inmunodeficiencia adquirida) es un colapso del sistema inmunológico causado por las etapas finales de la infección del VIH. El SIDA no es una enfermedad en sí misma; más bien, es un síndrome o una colección de signos y síntomas de enfermedades.

Aunque muchas teorías sobre su origen surgieron al inicio de la crisis del SIDA, las teorías de los comienzos del virus, académicamente revisadas por expertos, ampliamente aceptadas e históricamente documentadas, se encuentra mejor en el capítulo *Los orígenes del SIDA*. (Para obtener una descripción más amplia que la presentada en esta sinopsis, lea las páginas 181 a 190 de *Atravesando el cañón sin puente*).

La historia del VIH / SIDA comienza alrededor de 1921 en Gabón (ahora República Democrática del Congo). En este paraje semi-aislado, una especie de chimpancés, conocida como Pan t.t. chimpancés, habían vivido allí durante miles de años. Los chimpancés desarrollaron el virus de inmunodeficiencia de simios (VIS).

La industrialización en Europa exigió un flujo constante de recursos naturales. Las fuerzas militares de varias naciones europeas se abrieron paso a través de África y colonizaron todos los países del continente menos dos a principios del siglo XX. Con la ayuda de las armas necesarias para cazar a los Pan t.t.s, los cazadores blancos mataron a los chimpancés para satisfacer el deseo de los colonos por la carne de animales silvestres.

El VIH entró en la población humana, propagándose lenta y silenciosamente. Parece haber sido la "combinación perfecta para una tormenta" del desastre; lo que pudiera salir mal, salió mal.

La conquista del continente africano trajo una plaga de ganado a África que prácticamente acabó con toda la población ganadera. Para empeorar la situación, a medida que los colonos penetraban más profundamente en bosques previamente deshabitados, eliminaron la barrera natural entre las moscas tsetsé y los humanos. El suministro natural de alimento de la mosca tsetsé, el ganado, desapareció, y recurrieron a los humanos como fuente de alimento. Un brote severo de la enfermedad del sueño se propagó silenciosamente. Una vez notados, los funcionarios comenzaron a ordenar vacunas generalizadas contra la enfermedad en la década de 1920. Los suministros médicos eran escasos y la esterilización del equipo aún más escasa. La sangre infectada por el VIH migró a través de la población en las agujas sucias. Se estima que la persona promedio en el Congo recibió más de trescientas vacunas en su vida.

El VIH ya se estaba transmitiendo sexualmente de los cazadores a las mujeres empleadas como prostitutas, un fenómeno recién introducido en la cultura africana con la colonización. Las ciudades en su mayoría pobladas por hombres, creadas recientemente para extraer y transportar materias primas de regreso a Europa, también utilizaron los servicios de prostitutas nativas. El VIH se movió silenciosamente a través de la población a través de intercambios sexuales y de sangre de agujas de inoculación sin esterilizar. La guerra civil de la década de 1960 en el Congo belga obligó a la retirada de los europeos, que comprendían en su totalidad la población de médicos y profesores del Congo. Las regulaciones de salud y la atención cesaron y el VIH comenzó a moverse más rápidamente a través de la población nativa en una escala más amplia a través de la transmisión sexual.

Las Naciones Unidas intervinieron para aliviar la crisis de la educación enviando educadores morenos de habla francesa (para reflejar mejor a los nativos congoleños) de Haití a Zaire (anteriormente el Congo Belga). El sexo sucede y punto. Los haitianos trajeron el virus del VIH aún no descubierto a su país de origen.

Las técnicas de recolección de sangre poco éticas y altamente peligrosas en Haití hicieron que el virus del VIH se propagara rápidamente a través de Puerto Príncipe, un lugar económicamente abatido. Dado que Haití fue el tercer mayor contribuyente de suministro de sangre de EE. UU., La sangre infectada por el VIH ingresó al suministro de sangre de EE. UU. Durante los mismos años, el turismo sexual haitiano para heterosexuales y homosexuales experimentó un auge. En 1979, se celebró en Portau-Prince una conferencia internacional de hombres gay.

Los primeros casos del virus aún sin nombre se documentaron en los EE. UU. Entre la población "4-H": hemofílicos (del suministro de sangre haitiano infectado), usuarios de heroína (por intercambio de sangre al compartir agujas), inmigrantes haitianos (en la población general en altos niveles) y homosexuales (por transmisión sexual).

Desde el inicio de la epidemia de SIDA entre 1981 y 1983, no hay ninguna declaración oficial registrada sobre la enfermedad de ninguna denominación religiosa importante. Sin embargo, esto no significa que la comunidad religiosa permaneciera en silencio. La fusión recién formada (Sección Tres) de la derecha política y religiosa conservadora intensificó su retórica alimentada por el miedo sobre la comunidad gay. Los televangelistas y la mayoría moral de Falwell dominaron la conversación sobre de dónde venía el SIDA, quién podía contraerlo y cómo se transmitía. Cuando despotricaron sobre el sida, sólo hablaron de sexo anal y gays.

El recién nombrado Procurador General conservador C. Everett Koop fue una voz de razón dentro de la Administración Reagan. Aunque inicialmente se opuso por los liberales y apoyado por la derecha conservadora, Koop se negó a ser controlado o silenciado durante los primeros años de la crisis del SIDA. Cuando el presidente Reagan finalmente dijo públicamente las palabras "VIH y SIDA" en mayo de 1987, más de 21.000 estadounidenses habían muerto de SIDA y el VIH había infectado a otros 37.000 estadounidenses.

Sexo, género y orientación sexual

Tenía poco más de 50 años la primera vez que me di cuenta de que el sexo biológico no existe como binario, es decir, que las personas o son hombres o son mujeres. Podría ser fácil recurrir a "Hombre y mujer, él los creó" (Génesis 1:27) en múltiples objeciones con respecto a las personas LGBT si esa fuera realmente la verdad. Pero no lo es.

El sexo biológico está determinado por: sistemas reproductivos internos, genitales externos y cromosomas sexuales (la combinación de X y / o Y en el par 23 de cromosomas humanos). Cuando los tres están alineados, se dice que una persona es hombre o mujer. Sin embargo, hay 31 condiciones conocidas en las que uno o más de esos factores determinantes no están alineados con los demás; esta persona es intersexual.

El Dr. John Money se apropió de la palabra "género" del uso de la lingüística para indicar las diferencias de comportamiento esperadas asociadas con hombres o mujeres a principios de la década de 1950. Antes de esto, el término utilizado para expresar género era "roles sexuales". El nuevo término distingue las actividades sexuales eróticas y genitales de las típicas actividades no sexuales masculinas o femeninas.

Los estándares de los procedimientos médicos de atención para bebés intersexuales se establecieron tan recientemente como en 2006. Antes de eso, la discriminación de género en los bebés intersexuales y hacer "leves correcciones" a sus genitales externos era una práctica común durante un período de casi 50 años, y fue solamente después de observar los resultados desastrosos que los biólogos y la comunidad médica pudieron desafiar la teoría infundada de Money de que los bebés "no tienen género" hasta los tres años.

De hecho, los seres humanos nacen con un sentido interno de género. Aunque la ciencia del cerebro aún no es lo suficientemente definitiva como para informarnos exactamente cómo se establece el género, la mejor información que los expertos manejan nos ha llevado a creer que el género se establece en el cerebro aproximadamente a los cuatro meses del desarrollo fetal. Una combinación de epigenética (los epigenes son como interruptores de encendido y apagado que se colocan encima de los genes que controlan la manifestación, o no, de los rasgos y características genéticos. Algunos epigenes son rastreables y otros no), y las influencias hormonales en el útero contribuyen al género del cerebro, así como el desarrollo de los sistemas reproductivos internos y los genitales.

Cuando el sentido interno de género no coincide con el sexo biológico, esta persona es transgénero, a diferencia de cisgénero, donde el género y el sexo biológico sí coinciden. Hay alrededor de 1,5 millones de estadounidenses transgénero, lo que representa aproximadamente el 0,5% de la población. Según el DSM de la APA, las personas transgénero tienen una condición conocida como "disforia de género", una incomodidad social de diversos grados creada por la cultura que los rodea.

Algunas personas transgénero optan por someterse a una cirugía de reasignación de sexo; la mayoría, sin embargo, no lo hacen, a menudo debido a restricciones financieras. Muchas personas transgénero optan por participar en la terapia hormonal; Otro(a)s no lo hacen. No es razonable esperar que las personas transgénero se sometan a transformaciones para "encajar" con los ideales binarios hombre / mujer. Nadie puede dictar cómo debe aparecer otra persona para que se ajuste a las normas culturales.

Todas las personas tienen: una identidad de género (cómo se identifican personalmente en el espectro masculino a femenino), una expresión de género (cómo se presentan al mundo en un espectro masculino a femenino), un sexo biológico (masculino, femenino o intersexual), y finalmente, (excepto en el caso de personas asexuales) una orientación sexual (el sexo y / o género por el que uno se siente atraído).

Lo que nos lleva al tema de la orientación sexual. Primero, la orientación sexual se compone de tres componentes: identidad sexual (cómo una persona se identifica a sí misma), comportamiento sexual (cuál es el sexo de la persona con quien una persona tiene relaciones sexuales) y atracción sexual (el sexo / sexos / género) al que uno se siente atraído naturalmente.

Los científicos no saben con precisión qué causa la atracción sexual. Existe evidencia de que es probable que sea una combinación de influencia hormonal en el útero, epigenética (activar y desactivar rasgos y características genéticos) y genética. Quienes se oponen a la realidad científica de la orientación sexual citarán con frecuencia el supuesto problema de que los gemelos idénticos (aquellos con ADN idéntico) no son gay ni heterosexuales el 100% de las veces. Basta volver a las innumerables combinaciones de efectos sobre el feto de la epigenética y los lavados hormonales en el útero para comprender que incluso los bebés con ADN idéntico no son adultos idénticos. Después de todo, ¿por qué un gemelo podría contraer una enfermedad genética, mientras que el otro escapa la tragedia? Es el mismo razonamiento.

Finalmente, avanzando, un "dictamen" de que la Parte A debe encajar en el Espacio B para que el sexo "funcione". Si las partes no fueran juntas, la gente no las juntaría por placer sexual. Cuán inteligente fue Dios, el diseñador de la sexualidad humana, al crear el cuerpo humano de tal manera que permitiera una amplia provisión para relaciones mutuamente satisfactorias entre parejas amorosas de todos los sexos y variaciones de género. Las relaciones entre personas del mismo sexo "funcionan".

Visitaremos la discusión de los posibles mandatos bíblicos para las diferencias anatómicas de sexo en las parejas en la Sección Cinco.

PARA CONVERSAR Y CONSIDERAR

1. Discuta en grupo los inicios del virus del VIH / SIDA en Gabón en 1921. Asegúrese de incluir la variedad de problemas que creó la colonización europea de África incluso antes de que el VIS migrara de los chimpancés a la población humana. Rastree el virus hasta su aparición en los Estados Unidos en 1981 (págs. 181-190).

2. Los cristianos tienen ejemplos históricos de como ministrar a los enfermos y moribundos en la respuesta cristiana de la iglesia primitiva a la plaga de Antonina y la plaga de Galeno. Mi reacción durante la crisis del SIDA en Estados Unidos en las décadas de 1980 y 1990 no fue la misma que la respuesta mucho más compasiva de Bob y Jan. Juzgué; ellos proporcionaron ayuda y consuelo.

¿Estaba usted o algún miembro de su grupo vivo(a) durante la crisis del SIDA? Trate de obtener varias perspectivas y escuche los recuerdos y experiencias de los demás. ¿Cómo pudieron los cristianos haber reflejado mejor el comportamiento de Cristo durante la crisis del SIDA en Estados Unidos? (págs. 173-177, 203-204, 209-212)

3. Para cuando el presidente Reagan dijo la palabra "SIDA" en público, más de 21.000 estadounidenses habían muerto y 37.000 estadounidenses estaban infectados con el VIH.

Su grupo puede discutir la respuesta política a la crisis del VIH / SIDA o la respuesta cultural y de los televangelistas.

Si su grupo es pequeño, intente abordar ambas preguntas. Ofrezcan diferentes perspectivas de cómo reaccionaron varios segmentos a la crisis del VIH / SIDA.

Analice los antecedentes y el papel de C. Everett Koop, sus esfuerzos para crear conciencia sobre el SIDA a partir de 1981 y la resistencia que experimentó por parte de la Administración Reagan. (págs. 191-201)

Discuta el impacto del mensaje de los televangelistas en la opinión pública y el cambio cultural en respuesta al VIH / SIDA resultante de la historia de Ryan White. (págs. 190-191, 201-202)

4. A menudo, nos han enseñado que el sexo existe como un binario de hombre y mujer. Pero ¿qué es el sexo biológico y cómo se determina? ¿Cómo ha cambiado su comprensión del concepto de sexo biológico desde que leyó el Capítulo 8? (págs. 217-220)

5. El Dr. John Money se apropió del concepto de "género" a mediados de la década de 1950 para distinguir los roles sexuales eróticos de los comportamientos aso-

ciados típicos masculinos y femeninos. Sus hallazgos falsificados del estudio del caso de John y Joan y mintieron sobre los resultados. Su deshonestidad lo llevó a más de 50 años de desnaturalizar bebés nacidos con genitales ambiguos.

¿Cómo reacciona ante Money y el caso de estudio de John / Joan? ¿Qué aprendieron los médicos sobre el género a partir del trabajo de Money? ¿Crees que el género de una persona puede o debe modificarse? (págs. 223-230)

6. Discuta las historias de Michael y Lisa. ¿Puede algún miembro del grupo contribuir acerca de su interacción personal con personas intersexuales o transgénero, y qué podemos aprender de las experiencias de Michael y Lisa, y de las experiencias que se comparten dentro de su grupo?

Cuando se toma el tiempo para considerar la existencia de una persona intersexual, ¿cómo cambia esto su comprensión del sexo, el género y la orientación sexual? (págs. 230-231, 235-238)

7. Pensando en la orientación sexual; ¿Tuviste un "flechazo" cuando eras niño(a) mucho antes de ser consciente de los actos sexuales? ¿Cuándo "descubrió" por primera vez que tenía la orientación sexual con la que se identificaba? El momento más probable fue alrededor de la pubertad. ¿Necesitaba tener relaciones sexuales con una persona para conocer su orientación sexual natural? (Algunas estadísticas en las páginas 435-437 pueden ser útiles para esta conversación).

Si cree que la orientación sexual es una elección, ¿cuándo decidió ser heterosexual y cómo lo decidió?

8. Haga que los miembros de su grupo representen las posiciones opuestas: ser gay es una elección y es atribuible a las circunstancias de la vida; o ser gay es

una variación natural de la sexualidad humana. Se puede presentar información externa, pero asegúrese de que las fuentes sean confiables y de naturaleza académica. (págs. 244-248)

9. Todos hemos escuchado la analogía frecuentemente citada de enchufes macho y hembra en circuitos eléctricos que encajan entre sí, mientras que otras combinaciones no funcionan. La sexualidad humana es más complicada y elaborada que los conectores y los enchufes.

Vuelva a leer la sección "Las piezas no encajan, ¿o no?" y tenga una conversación franca sobre la información. (pág. 248-252)

La próxima semana, el grupo comenzará a discutir el comportamiento entre personas del mismo sexo y la Biblia. Es posible que desee anticipar discusiones más largas y posiblemente estresantes. Repase los comentarios de apertura sobre las diferencias de opiniones y creencias.

SECCIÓN CINCO
El comportamiento con el mismo sexo y la Biblia

Resumen de las páginas 255-282 de *Atravesando el cañón sin puente*

Ahora que hemos establecido una base histórica, científica y social firme sobre la cual posicionar e investigar los pasajes bíblicos que se refieren al comportamiento con el mismo sexo, la discusión de esta semana puede que sea algunas de las conversaciones más desafiantes de su grupo hasta la fecha. Animo a los participantes a que regresen a la Sección Uno y revisen algunos consejos y acuerdos.

El objetivo de la sesión de esta semana no es estar de acuerdo, sino más bien participar en conversaciones productivas e informadas con verdad, respeto y gracia sobre una de las controversias más desafiantes que enfrentan los creyentes cristianos en la actualidad.

En 1946, los creadores de la Versión Estándar Revisada (RSV) de la Biblia fueron los primeros en traducir dos palabras griegas asociadas con el comportamiento entre personas del mismo sexo a "homosexual". Las objeciones a una postura inclusiva y afirmativa a menudo se verán obstaculizadas ya que algunos insisten que es posible que, aunque los autores de la Biblia no hayan conocido la palabra homosexual, seguramente, ya que estaban escribiendo bajo la inspiración de Dios y del Espíritu Santo que todo lo sabe, se referían a personas gay.

Sin duda, los seis pasajes de las Escrituras, que incluyen una escena de comportamiento entre personas del mismo sexo, representan puntos de vista negativos de hombres que tienen relaciones sexuales con hombres. Pero ¿se pueden usar estos versículos como condenas generales de todas las formas de homosexualidad, incluso las relaciones monógamas a largo plazo?

Antes de entrar en esta conversación, revise las definiciones de dogma, doctrina, opinión, ideología y teología en la Sección Uno. Introduzcamos también algunos términos adicionales.

La hermenéutica es una ciencia para interpretar lo que ha escrito un autor bíblico. La **exégesis,** que es el acto de interpretar las Escrituras y discernir correctamente el significado de los pasajes, a menudo se usa indistintamente con la hermenéutica, pero esta última define las reglas por las cuales se realiza la interpretación.

Es esencial aplicar principios sólidos de interpretación a las Escrituras. Mientras leamos algunos pasajes bíblicos, tenga en cuenta estas consideraciones: ¿Quién es el autor? ¿Quién es la audiencia? ¿Cuál es el contexto cultural o histórico? ¿Cuál fue el significado original intencionado del pasaje? ¿Qué significaban las palabras específicas utilizadas en el momento de su escritura?

No es apropiado volver a la historia y asignar un significado no deseado a pasajes antiguos. En otras palabras, un texto no puede significar lo que nunca pudo haber significado en el momento en que fue escrito. Teniendo en cuenta estas pautas, veamos los seis pasajes de las Escrituras que se usan con más frecuencia para condenar el comportamiento con el mismo sexo.

Sodoma y Gomorra

La historia de Sodoma y Gomorra en Génesis 18-19 es simple. Dos invitados, que sabemos que son ángeles, visitan las ciudades a instancias de Dios para acceder a la maldad de los habitantes. Los dos están invitados a refugiarse en la casa de Lot (el sobrino de Abraham) para escapar de las acciones violentas que les aguardarían en la plaza del pueblo. Por la noche, toda la gente de la ciudad golpea la puerta de Lot exigiendo acceso a los ángeles, para que puedan agredirlos sexualmente. En lugar de entregar a sus invitados, Lot ofrece a la multitud enojada a sus dos hijas vírgenes. No satisfechos con la oferta de abusar sexualmente de las hijas, los hombres de Sodoma persistieron y exigieron que las visitas salieran de la casa. En cambio, los ángeles cegaron a los habitantes de Sodoma y rápidamente escaparon de la destrucción de la ciudad con Lot, su esposa y sus dos hijas.

Aunque el relato de Génesis 18-19 nunca menciona el pecado de Sodoma que fue "tan grave" (18:20) como para llevar a su destrucción, Ezequiel 16: 49-50 enumera los pecados de Sodoma: arrogancia, una actitud indiferente hacia los pobres y los necesitados a pesar de sus propias riquezas y otras "cosas detestables". En las dieciocho menciones del Antiguo Testamento de Sodoma y Gomorra después de Génesis 19, el comportamiento entre personas del mismo sexo *nunca se cita* como el pecado que causó la destrucción total de la ciudad.

Aunque ningún texto bíblico conecta explícitamente la conducta entre personas del mismo sexo con el pecado de Sodoma, fue Agustín, un teólogo del siglo V, quien fijó la conexión popular entre el pecado de Sodoma y la conducta entre personas del mismo sexo. Agustín también presentó a la iglesia el imperativo de que el sexo, para que sea moral, tiene que ser procreador. Este tema se trata en la sección sobre Romanos a continuación.

Levítico

Los dos pasajes de Levítico 18 y 20 están contenidos en la ley que Dios le dio a Moisés después de que los judíos huyeron de una cultura pagana en Egipto y antes de entrar en otra cultura pagana en Canaán. La Ley no solo definió la forma en que los israelitas debían servir a Dios; también estableció límites claros y prohibiciones para mantener a los judíos santos, separados y sin mancha de las culturas que los rodeaba.

Si un judío infringía alguna de las prohibiciones de la ley, se le consideraba culpable de infringir toda la ley. Aunque algunos eruditos de la Biblia intentan agrupar las prohibiciones de la Ley en categorías, no existe tal distinción en la Biblia. Aun así, puede haber algunos que crean que los creyentes de hoy deben seguir partes de la Ley, así que en lugar de ignorar las prohibiciones como no vinculantes, intentemos entender el comportamiento del mismo sexo como se describe en Levítico.

Los versículos de Levítico 18 y 20 establecen claramente que, si un hombre tiene relaciones sexuales con otro hombre, es *toevah* y digno de la pena de muerte. La palabra hebrea *toevah*, que se traduce con mayor frecuencia como "abominación", se encuentra 117 veces en el Antiguo Testamento. En la mayoría de los casos, está asociado con prácticas extranjeras, culturales, idólatras o religiosas.

Si tomamos estos pasajes y los colocamos directamente sobre lo que aprendimos en la Sección Dos / Capítulo Uno de *Atravesando el cañón sin puente*, podemos comprender mejor el contexto de las advertencias bíblicas.

Las prohibiciones levíticas involucran el comportamiento del mismo sexo practicado en una cultura pagana donde un hombre, asumiendo el papel de mujer penetrada y sumisa sexual, era degradado. Recordando la información de las secciones dos y tres y los capítulos uno a cuatro de *Atravesando el cañón sin puente*, podemos comprender más claramente que para un hombre ser comparado social o sexualmente con una mujer era una vergüenza. A los israelitas en estos pasajes se les dijo que permanecieran separados de todos los comportamientos que se parecían a los de los paganos, para que no se volvieran como ellos, o parecieran ser uno de ellos.

Levítico describe a hombres con niños, excesos sexuales y lujuria asociados con aquellos que participaron en la idolatría y el uso y abuso sexual de otros.

Romanos

La primera parte de la carta de Pablo a la iglesia en Roma trata sobre la universalidad del pecado, nuestra incapacidad para obtener el estatus correcto ante Dios a través de nuestros propios méritos, nuestra necesidad subsecuente de una relación con Dios a través de Jesús y las consecuencias de una vida vivida fuera de la sumisión a Dios. El escritor Pablo se enfrentó a una tarea difícil y fue desafiado a comunicar la doctrina cristiana a dos audiencias muy diferentes: los cristianos judíos y los cristianos gentiles.

Los judíos entendieron la ética de la Ley de Moisés. Pero,

Pablo no podía usar la misma línea de razonamiento con los cristianos gentiles porque, no solo no conocían la Ley, su ética se basaba en otra parte. La filosofía predominante en el mundo grecorromano en ese momento era el estoicismo. Para un estoico estar en completa armonía con la naturaleza era similar a un judío que guardaba toda la ley.

Vemos el uso de las palabras "naturaleza" y "natural" varias veces en Romanos 1 cuando Pablo se dirige directamente a los gentiles. Para alguien que siguió el estoicismo, estar en *armonía* con la naturaleza, o actuar naturalmente, significaba mantener una convergencia moral de los tres: el autocontrol individual, el cumplimiento de las normas socio-sexuales dominantes masculinas y los actos sexuales con el propósito de procreación. Por el contrario, los gentiles habrían entendido que la *falta de armonía* con la naturaleza significaba actuar de manera antinatural o estar en un estado de impureza sexual, que incluía ser lujurioso, desafiar las normas sociales y sexuales dominantes por los hombres y participar en el sexo no procreador.

Con la base establecida de lo que los gentiles veían como naturaleza, inmoralidad natural y sexual, podemos entender la manera magistral en la que Pablo les atrae a partir de Romanos 1:18.

Todo comportamiento en Romanos 1: 26-27 es contrario a la armonía natural del comportamiento estoico moral. En el escenario que describe Paul, tanto los hombres como las mujeres han abandonado el autocontrol, son impulsados por la lujuria y participan en actos sexualmente impuros. Todos los comportamientos se denominan "vergonzosos" porque son lujuriosos, están fuera de las normas sociales y sexuales dominantes por los hombres y no son procreadores.

Los hombres debían ser los participantes activos en el sexo, los penetradores. Las mujeres debían ser las participantes pasivas en el sexo, las penetradas. Además, el valor social de una mujer estaba muy por debajo del de un hombre. Entonces, cuando un hombre asumió voluntariamente, o fue colocado en el rol sexual de una mujer como el compañero penetrado, todo su estatus social y personal fue degradado al de una mujer.

> Naturaleza / Natural = autocontrol + dominación social-sexual masculina cumplimiento de normas + actos sexuales con intención de procreación

> Antinatural / contra natura = lujuria + desafío a las normas socio-sexuales dominantes + sexo no procreador

Romanos 1: 26-27 es el único pasaje de la Biblia que posiblemente, pero no necesariamente, contiene comentarios sobre el sexo lésbico. El sexo femenino antinatural en el mundo grecorromano podría haber sido cualquiera de los siguientes comportamientos: sexo con un hombre en el que la mujer toma la posición dominante, sexo no procreador con un hombre u otra mujer, o incluso la masturbación solitaria. Ciertamente no es concluyente que el sexo entre mujeres sea la única condena de las mujeres en Romanos 1.

1 Corintios y 1 Timoteo

1 Corintios 6: 9-10 contiene dos palabras griegas, *arsenokoitai* y *malakoi* (esas son sus formas plurales sujeto-caso tal como aparecen en ese pasaje; sus formas singulares son *arsenokoitēs* y *malakos*, respectivamente), y son cruciales para comprender la intención del pasaje.

No todas las Biblias en inglés ni en español están de acuerdo en cómo deben traducirse las palabras *arsenokoitai* y *malakoi*. Con respecto a 1 Corintios 6: 9-10, muchas traducciones combinan las dos palabras distintas en una sola palabra; esto por sí solo es bastante problemático.

La palabra *arsenokoitēs* aparece en 1 Timoteo 1: 9-10 en su forma plural de caso de objeto indirecto (*arsenokoitais*) sin *malakos* junto a ella. La palabra rara vez se usó en los escritos griegos. Pablo parece haberla acuñado a partir de dos palabras: *arsēn*, que significa masculino, y *koitē*, que significa cama. Algunos han especulado que la palabra que usó Pablo proviene directamente de *arsēn* y *koitē* en la traducción griega de Levítico 20:13, y tiene el mismo significado que los de Pablo: "varones que se acuestan con varones", lo que sugiere pederastia, u hombres que tienen sexo con niños pequeños, que sabemos que era común en culturas antiguas e incluso modernas.

Como lo usó Paul en el primer siglo, *arsenokoitēs* probablemente significaba "hombre que se dedica a la pederastia". Este tipo de hombre entablaría relaciones sexuales con un chico mucho más joven. Las relaciones pederastas, intrínsecamente abusivas y explotadoras, no son equivalentes a las relaciones comprometidas, amorosas y monógamas con el mismo sexo en la actualidad.

El significado más cercano de *arsenokoitēs* durante quinientos años de traducción fue "hombre que asumió el papel activo en el sexo no procreador". *Arsenokoitēs* no definió lo que llamaríamos la orientación sexual de una persona; indicó el papel jugado en el acto sexual. (Esto ha sido bien fundamentado hasta este punto en la Guía de estudio y en el libro mismo).

Ahora a *malakos*, que se empareja en contexto con *arsenokoitēs* en 1 Corintios 6: 9-10. *Malakos* es más fácil de traducir porque aparece en textos más antiguos que *arsenokoitēs*, sin embargo, sufre otras complicaciones cuando se traduce al inglés o español moderno.

La palabra griega *malakos* significa "suave". *Es una palabra antigua con significados antiguos.*

Malakos se traduce como "afeminado" en la versión King James y está asociado con los rasgos de las mujeres como se veía a las mujeres en el mundo antiguo (y en la época de la KJV): moralmente débiles, dadas a vicios antinaturales, perezosas, impías, lujurioso, puta, impuro y asumiendo un papel sumiso en el sexo.

Malakos y "afeminado" —aunque describieron en parte a hombres que asumían el papel de una mujer en el sexo— también describieron una *disposición* asociada con todos los rasgos negativos asignados a las mujeres.

El antiguo sistema y la cultura del patriarcado, donde gobernaban los hombres, y la jerarquía de género, donde los hombres dominaban a las mujeres, forman un trasfondo *complicado* para los significados de malakos y "afeminado". En esas estructuras sociales históricas, la peor forma en que se podía tratar a un hombre era tratarlo como si fuera una mujer, y la peor forma en la que se podía comportar un hombre era como una mujer.

A la luz de todo esto, la mejor traducción moderna de *malakos* incluiría en su significado una disposición indulgente o excesiva que a veces puede incluir excesos sexuales.

Traducir *malakos* como "homosexual" es completamente inexacto. Hay varios traductores y comentaristas bíblicos modernos que agravan estas inexactitudes al afirmar además que *malakos* se refiere a la pareja pasiva en el sexo gay y que *arsenokoitēs* describe a la pareja activa en el sexo gay.

Deuteronomio 22:5

Deuteronomio 22: 5 es el único versículo de la Biblia que se usa con frecuencia para avergonzar a las comunidades transgénero y transexuales y a quienes expresan su género de diversas maneras.

Sería sencillo ignorar por completo Deuteronomio 22: 5, diciendo que es parte de la Ley y, por lo tanto, ya no es relevante para los cristianos modernos, pero en lugar de simplemente ignorar o descartar el versículo, es más útil tratar de entender qué el verso significa en el contexto de la cultura en la que fue escrito.

Incluso entre los rabinos judíos, no hay acuerdo sobre lo que este versículo significa exactamente; Sin embargo, existe un consenso generalizado de que no se refiere a quienes se visten de forma cruzada ni a las personas transgénero que visten ropa más alineada con su identidad de género. Los tres posibles significados predominantes de este verso tienen un punto en común: usar la ropa del otro sexo con la intención de engañar.

El engaño, sin embargo, no es la motivación de las personas transgénero que usan la ropa del género con el que se identifican. Cuando las personas transgénero usan la ropa de su género interno, están tratando de disminuir su estrés emocional y mental al hacer que su apariencia exterior sea congruente con su identidad de género.

PARA CONVERSAR Y CONSIDERAR

1. Durante las últimas semanas leyendo *Atravesando el cañón sin puente* y trabajando en la guía de estudio, es probable que haya adquirido nuevos conocimientos y comprensión sobre la sexualidad humana, así como la importancia histórica y el cambio en los roles sociales y sexuales masculinos y femeninos. Ahora estamos listos para colocar los versículos que se usan comúnmente para abordar el comportamiento entre personas del mismo sexo y la homosexualidad sobre esa base sólida y analizar los posibles significados de los pasajes.

   En el pasado, ¿alguna vez había realizado un estudio en profundidad sobre los pasajes de las Escrituras relacionados con el comportamiento entre personas del mismo sexo? Si es así, ¿investigó los pasajes en contexto con una comprensión de los roles masculinos y femeninos en la cultura antigua más amplia? ¿Cuál es el valor general de seguir los principios de la exégesis al examinar las Escrituras, ya sea en temas de orientación sexual e identidad de género, o en cualquier tema que esté estudiando?

2. Algunas personas creen que el "pecado de Sodoma" es la homosexualidad. Comenzando con Ezequiel 16: 49-50 y pasando a los primeros escritores judíos como Filón, luego los primeros cristianos como Tertuliano y San Jerónimo, y finalmente por Agustín, relatan lo que se pensaba que era el "pecado de Sodoma".

   Utilizando lo que ahora sabe sobre la sexualidad humana en las culturas antiguas, vuelva a leer Génesis 19: 1-11. ¿Qué nuevas percepciones tienes sobre estos versículos? (págs. 257-260)

3. Ahora, pasando a los pasajes levíticos. Ubiquémoslos en un contexto histórico sobre una línea de tiempo antigua; la Ley fue promulgada hace aproximadamente 3.400 años.

   ¿Cómo es compatible su comprensión de Levítico 18 y 20 con lo que sabemos sobre la sexualidad humana, el patriarcado, la jerarquía de género, el dominio socio-sexual masculino y la sumisión socio-sexual femenina en el mundo antiguo?

   ¿Son los comportamientos del mismo sexo descritos en Levítico similares o diferentes a lo que entendemos sobre las relaciones entre personas del mismo sexo en nuestra cultura moderna? ¿En qué se parecen o en qué se diferencian los dos? (Capítulo uno, págs. 260-261)

4. El mensaje central de Pablo en el Libro de Romanos es la universalidad del pecado, nuestra incapacidad de obtener el estatus correcto ante Dios a través de nuestros propios méritos, y nuestra subsecuente necesidad de un Salvador. Tenía que entregar este mismo mensaje a dos grupos de personas.

   ¿Quiénes eran las audiencias de Paul? ¿Cómo y por qué necesitaba construir su mensaje de manera única para cada audiencia?

   Entender las palabras "naturaleza", "natural" en contexto es esencial. Para un estoico o un gentil, estar en armonía con la naturaleza tenía un significado muy específico. ¿Qué comportamientos hicieron que un estoico ya no estuviera en armonía con la naturaleza? ¿Alguno de esos comportamientos se describe en Romanos 1: 26-27? (págs. 263-269)

5. Tratemos de entender si fuese una aplicación correcta de las Escrituras usar la condena del comportamiento

entre personas del mismo sexo descrita en Romanos 1 para aquellos que se identifican en una cultura moderna como gay, lesbiana o bisexual.

Primero, ¿cuáles fueron los rasgos y roles (tanto social como sexualmente) asociados con las mujeres? ¿Estos rasgos femeninos y actitudes desdeñosas se traducen en la cultura actual?

Cuando un hombre tenía sexo con un hombre, ¿cuál era la antigua visión cultural del hombre sumiso o penetrado? ¿Cómo se aplican o no hoy en día estos puntos de vista de hombres y mujeres?

Con el entendimiento que tiene sobre la historia de la sexualidad humana, el estatus de la mujer en una cultura moderna y la orientación sexual, ¿es exacto o inexacto decir que Romanos 1 se puede aplicar a las personas homosexuales / atraídas por el mismo sexo en la actualidad? Fundamenta tu respuesta. (págs. 215, 266-268)

6. Romanos 1: 26-27 son los únicos versículos de la Biblia que posiblemente podrían estar relacionados con el lesbianismo. "Incluso sus mujeres", las mujeres de los hombres intercambiaron relaciones naturales por antinaturales.

De acuerdo con los principios estoicos o gentiles de estar dentro y fuera de la armonía con la naturaleza, ¿en qué comportamientos sexuales podrían haber estado participando las mujeres de Romanos 1 que se dice que son "contra la naturaleza"?

Construya o deconstruya el caso de que las mujeres de Romanos 1:26 eran mujeres que se sentían atraídas únicamente por mujeres o lesbianas. (págs. 266-269)

7. Nuevamente, considerando las buenas prácticas de exégesis (contexto y significado original intencionado) combinadas con lo que aprendió sobre el VIH / SIDA

en el Capítulo 8 de *Atravesando el cañón sin puente*, ¿cómo es un mal uso de las Escrituras vincular el VIH / SIDA con la "pena debida"? "De rechazar a Dios (Romanos 1:27)? (págs. 268-269)

Si hay un miembro de su grupo, en particular uno que sea gay, que vivió la crisis del SIDA en los años ochenta y noventa, pídales que compartan con usted el impacto dañino de usar Romanos 1:27 como una condena de Dios en la comunidad gay. (pág. 269)

Si nadie en su grupo tiene la edad suficiente para haber vivido durante esta crisis, asegúrese de consultar los recursos en línea e imaginar la agonía de una pérdida tan devastadora agravada por la condena cristiana.

8. Revise y analice las traducciones a lo largo del tiempo de las palabras griegas *arsenokoitēs* y *malakos*. (Las listas completas aparecen en las páginas 272-274.) Mientras habla sobre la lista, intente colocar las diversas traducciones en contextos históricos a lo largo de una línea de tiempo que hemos creado en nuestra lectura. En su conversación, considere esto: ¿Las palabras tienen sentido dentro del contexto del momento de la traducción?

Observe en particular los cambios en el significado de ambas palabras desde 1946 hasta la década de 1970. ¿Se utilizaron principios sólidos de exégesis para esas traducciones, o las palabras traducidas fueron influenciadas por un prejuicio y reacción cultural? Apoye su respuesta. (págs. 272-276)

9. Segunda de Timoteo 3:16 nos dice que "toda la Escritura es inspirada por Dios". También sabemos que la Palabra de Dios nunca cambia. En algunas versiones de la Biblia, el texto usa claramente la palabra "homosexual". Si sigues una teología inclusiva, ¿cómo lidias con este aparente problema?

De manera similar, algunas personas usan la frase "homosexualidad y la Biblia", mientras que otras usan "comportamiento con el mismo sexo y la Biblia". Estas pueden parecer versiones ligeramente matizadas del mismo concepto, pero de hecho son diferentes.

¿Qué frase crees que es más precisa y por qué?

¿Qué dice la Biblia / Pablo / Jesús sobre la homosexualidad? (pág. 280-282)

10. En 1971, justo cuando las comunidades gay y transgénero estaban a punto de emerger del estigma médico opresivo y defectuoso de tener una enfermedad mental, los traductores de The Living Bible (La Biblia viviente) combinaron los términos plurales *arsenokoitai* y *malakoi* con "aquellos que practican la homosexualidad". Esta traducción también incluía lesbianas. ¿Qué opinas de la traducción de la Biblia Viviente de 1 Corintios 6: 9-10? ¿Cómo crees que la cultura de la época afectó la decisión del equipo de traducción de combinar dos palabras de una manera que nunca antes se había hecho? (págs. 276-277)

11. Según lo acordado por los eruditos judíos, hay tres significados más probables de Deuteronomio 22: 5. ¿Se puede usar alguno de estos significados para condenar a las personas transgénero por vestirse con la ropa de género con la que se identifican personalmente? (págs. 277-280)

Felicitaciones, superó una serie de preguntas y conversaciones difíciles. Gracias por considerar, estudiar, arriesgar y escucharse unos a otros.

SECCIÓN SEIS
El matrimonio civil y el matrimonio bíblico

Resumen de las páginas 283-321 de *Atravesando el cañón sin puente*

En todas las culturas, el matrimonio es una unión social o contrato civil que establece derechos, beneficios y obligaciones entre los cónyuges y, a veces, las familias. A menudo pensamos que el matrimonio, en la forma en que lo conocemos hoy, es una institución atemporal en su estructura. Eso no es del todo cierto. A lo largo de la Biblia, se describen y bendicen varios tipos de matrimonios: un hombre y una mujer, un hombre y sus concubinas, un hombre y la viuda de su hermano, un hombre y una mujer y sus esclavos, un hombre y muchas mujeres, un soldado y sus prisioneros de guerra, y un violador y su víctima. En todas las formas de estos muchos matrimonios bíblicos, las mujeres eran propiedad del hombre.

En la antigua Roma, la "familia tradicional" consistía en un hombre, su esposa y esclavos y esclavos con quienes el esposo podía tener relaciones sexuales. Después del colapso del Imperio Romano, la Iglesia Católica Romana fue la única entidad política estable capaz de tomar su lugar. Para aplastar los desafíos y mantener el poder centralizado en el Vaticano, el Papa León III nombró a Carlomagno como el primer emperador del Sacro Imperio Romano Germánico en el siglo VIII. Los matrimonios imperiales estaban sujetos a la aprobación del Papa y se restringieron nuevamente (sin poligamia, sin divorcio, sin volver a casarse, sin casarse con miembros de la propia familia) y los hijos ilegítimos no podían heredar la riqueza del patriarca.

En efecto, las nuevas regulaciones matrimoniales aseguraron que los hombres ricos y poderosos no pudieran expandir sus posesiones ni divorciándose y volviéndose a casar, o tomando varias esposas y anexando la propiedad que venía con tales movimientos económicos y / o políticos. El matrimonio entre un hombre y una mujer aseguró menos amenazas a la supremacía del Sacro Imperio Romano Germánico.

El matrimonio no *siempre* ha sido un rito o sacramento religioso. En el siglo XIII, estaba en las etapas iniciales de convertirse en un sacramento católico romano. En el siglo XV, el matrimonio se consideraba plenamente un sacramento cristiano. En el siglo XVI, se requería que los matrimonios se realizaran públicamente en presencia de un sacerdote. La Iglesia Católica "poseía" el matrimonio hasta el movimiento protestante cuando la Iglesia de Inglaterra desafió la autoridad de la Iglesia Católica y comenzaron los matrimonios civiles.

La nueva oposición a la Iglesia se produjo en los siglos XVII y XVIII cuando los pensadores de la Ilustración o iluminación desafiaron la enseñanza religiosa y tradicional sobre muchos temas, incluido el estado de la mujer y la cuestión de los matrimonios concertados. Durante el siglo siguiente, las uniones matrimoniales, basadas en el amor y el romance, más que en la economía, comenzaron a surgir.

Aunque el matrimonio como una unión de dos (o más) personas ha existido desde Génesis 2, la estructura, el propósito, el estatus legal y la influencia de la religión en el acuerdo ha cambiado constantemente a lo largo del tiempo, a través de las culturas e incluso dentro de la propia Iglesia cristiana.

Desde la década de 1780, el matrimonio en los Estados Unidos ha sido un contrato civil que otorga estatus legal a una pareja durante una ceremonia de matrimonio civil pública realizada por agentes del estado.

La definición de matrimonio en Estados Unidos cambia

Antes de la defensa del matrimonio entre personas del mismo sexo, el último gran desafío a las leyes de matrimonio en los Estados Unidos se produjo en la década de 1960. Las leyes contra el matrimonio interracial, o las leyes sobre el mestizaje, habían estado en vigor durante casi tres siglos. En el caso *Loving v. Virginia* resuelto en la Corte Suprema de los Estados Unidos en 1967, los jueces dictaminaron que los estatutos de Virginia y otros doce estados contra el matrimonio interracial violaban tanto la Cláusula del Debido Proceso como la Cláusula de Igualdad de Protección de la Decimocuarta Enmienda. El presidente del Tribunal Supremo Earl Warren escribió la opinión sobre la decisión unánime de la corte, destacando la importancia del matrimonio: "El matrimonio es uno de los 'derechos civiles básicos del hombre', fundamental para nuestra propia existencia y supervivencia", afirmó.

Hace casi medio siglo ya se habia abordado que el matrimonio es un derecho civil de fundamental importancia para todos los ciudadanos estadounidenses. En 1978, la Corte Suprema reafirmó el matrimonio como un derecho estadounidense básico en virtud de la Cláusula de Igualdad de Protección: "El derecho a contraer matrimonio es de fundamental importancia para todos". (*Zablocki v. Redhail*).

El matrimonio bíblico

La mayoría de los cristianos conservadores observan tanto Génesis 2, así como las palabras de Jesús y Pablo, en la creación de estándares a los que se adhieren para el matrimonio cristiano. El primer relato bíblico del matrimonio es la historia de Adán y Eva en Génesis. Eva fue creada como una "ayuda idónea para" Adán. Génesis 2:18 establece claramente por qué fue creada Eva: para llenar el vacío de la soledad de Adán.

"Una sola carne" se repite varias veces en el Antiguo Testamento. Lo vemos cuando Labán saludó a su sobrino, Jacob (Génesis 29:14). Y luego otra vez cuando los mensajeros de David recibieron instrucciones en 2 Samuel 19: 12-13 para recordarles a los ancianos de Judá la conexión de "carne y sangre" que tenía con ellos. "Una sola carne" también se usa en Jueces 9:2, 2 Samuel 5:1 y 1 Crónicas 11: 1. En todos los casos, lo común es la relación de pacto. En la historia de la creación de Génesis, Adán y Eva se unen en una relación de pacto única de sus relaciones con cualquiera de las otras criaturas de la tierra; es de primacía e intimidad.

En Mateo 19: 1-12, Jesús habló sobre el matrimonio en respuesta a una pregunta que los fariseos plantearon sobre el divorcio: "¿Es lícito que un hombre se divorcie de su esposa por cualquier motivo?" Jesús llama a la mente de sus oyentes la relación de pacto de una sola carne entre Adán y Eva y dice que el pacto matrimonial no debe romperse.

En Efesios 5:21-33 descubrimos el propósito del matrimonio cristiano, lo que nos ayuda a comprender las fuertes advertencias contra el divorcio. Pablo nos dice que el matrimonio, aunque es un "misterio profundo", es la imagen de la muerte en sacrificio de Jesús por la Novia. Jesús, en Su muerte, lo dio todo por la Novia. El pacto de una sola carne entre Cristo y la iglesia es incondicional y está sellado con la sangre y la muerte de Jesús. "Una sola carne" se hace eco de la relación de pacto que se ve primero en Génesis 2:18, 22-24. El amor sacrificado, modelado por el hecho de que Cristo lo dio todo por su Novia, se vuelve a contar en el testimonio del matrimonio cristiano. "Así como Cristo amó a la iglesia y se entregó a sí mismo" es el alto estándar de entrega desinteresada que deben seguir dos cristianos unidos en matrimonio.

Volviendo al Génesis, el fluir natural de la relación de pacto entre Adán y Eva llevó a la procreación. Sin embargo, la procreación no se definió como una condición de su pacto de una sola carne. En la historia de la creación, no se menciona la procreación como el propósito de la creación de Eva.

Asimismo, en la definición de matrimonio de Efesios 5, no se menciona la procreación. Aunque las relaciones sexuales pueden crear hijos, la procreación no es la única razón para el regalo del sexo. La Biblia nunca menciona la procreación como una condición del matrimonio.

Aunque no era un requisito para el matrimonio, la procreación era, por supuesto, muy valiosa en el mundo del Antiguo Testamento. Pero, la pregunta es: ¿La relación hombre-mujer de Génesis 2 se convierte en la norma, o el estándar, para todas las personas, todo el tiempo?

Con frecuencia escuchará o leerá la palabra "complementariedad" que se usa para apoyar el estándar de "un hombre y una mujer" del matrimonio cristiano. Hay tres significados básicos de complementariedad: la reunificación de dos partes del ser humano, masculino y femenino, para formar el Adán completo tal como era antes de que Eva fuera apartada de su lado; la unión de dos géneros opuestos para la adecuación de género tanto en el matrimonio como en el servicio en la iglesia, y; la unión de hombre y mujer para la adecuación anatómica (sexual) en el matrimonio.

En la década de 1980, las "feministas cristianas" comenzaron a desafiar el patriarcado organizativo de la iglesia que coloca a los hombres en los roles dominantes y a las mujeres en los roles de apoyo, así como a cuestionar la jerarquía de género, que asume el dominio masculino y la sumisión femenina.

En una conferencia conjunta de 1987 de la Sociedad Teológica Evangélica (ETS) y el Consejo para la masculinidad y la feminidad Bíblica, un comité de líderes evangélicos y bautistas del sur se reunió en Danvers, Pensilvania, para discutir el problema. El comité elaboró la Declaración de Danvers, que afirmó: "Las distinciones en los roles masculino y femenino son ordenadas por Dios como parte del orden creado, y deben encontrar un eco en cada corazón humano". El documento reforzó no tan sutilmente el patriarcado y la jerarquía de género, y suavizó la apariencia de las estructuras de poder al llamar al patrón "complementariedad", una palabra que inventaron para adaptarse a su propósito de tratar con las feministas cristianas. La complementariedad afirma que solo a través de hombres y mujeres que trabajan juntos en iglesias y matrimonios, en roles de género separados pero iguales, podemos ver la imagen completa de Dios.

Los miembros del comité firmaron el documento y nació la complementariedad.

Las diferencias en los roles de género en las iglesias y los matrimonios siguieron siendo el foco de la complementariedad durante la década de 1990; sin embargo, algo empezó a cambiar. Varias dinámicas dentro de la comunidad gay provocaron un interés creciente en obtener derechos legales más generalizados para el matrimonio.

Inicialmente, las feministas lesbianas no estaban interesadas en el matrimonio, una institución asociada durante tanto tiempo con el patriarcado. Eso cambió debido a un caso ampliamente publicitado en 1993 cuando un tribunal de Virginia decidió quitarle al hijo de dos años de Sharon Bottoms y cederle la custodia del niño a la madre de Bottoms porque, explicó el juez, su conducta lesbiana "es ilegal, una Delito grave de clase 6 en el estado de Virginia ". Este fue un llamado a la comunidad lesbiana sobre la necesidad de protección para sus familias.

En la comunidad gay masculina, el SIDA ha matado a decenas de miles de hombres gay. Pocas personas que estaban en parejas tenían las protecciones legales que necesitaban para cuidar o tomar decisiones de atención médica para sus parejas desahuciadas. Las familias excluyen regularmente a la pareja sobreviviente de las decisiones médicas y los arreglos funerarios, y sin la protección de los arrendamientos e hipotecas conyugales, los sobrevivientes gays a menudo pierden sus apartamentos y hogares.

Un gran número de parejas de gays y lesbianas comenzaron a reconocer la falta de protección legal para sus familias y parejas y la necesidad de confirmar legalmente sus relaciones. Las primeras conversaciones sobre los derechos matrimoniales no pasaron desapercibidas para la derecha religiosa y política conservadora.

Los miembros del Consejo para la masculinidad y la feminidad bíblicas, muy conscientes de los muros ya erosionados de división entre los roles de género, temían que, si no se aferraban firmemente a la complementariedad, tal erosión podría conducir a una mayor tolerancia a la homosexualidad y, con el tiempo, al matrimonio entre el mismo sexo. A fines de la década de 1990, la complementariedad comenzó a asumir el imperativo de las diferencias anatómicas como un requisito adicional "ordenado por Dios" para que una pareja refleje plenamente la imagen de Dios en el matrimonio. Esto sugiere una pregunta obvia: ¿Existe algún registro bíblico que enumere las diferencias anatómicas como una condición del matrimonio?

El matrimonio se describe en la Biblia como la unión de un hombre y una mujer, pero ¿qué pasa con la unión de las partes del cuerpo? En Génesis 2 y Efesios 5, las descripciones del matrimonio están intrínsecamente ligadas al lenguaje masculino / femenino, esposo / esposa. No encontrará, ni debería esperar encontrar, una afirmación de matrimonios monógamos, comprometidos e iguales entre personas del mismo sexo en la Biblia. ¿Podemos, sin embargo, sacar las verdades bíblicas sobre el matrimonio del lenguaje culturalmente ligado al hombre y la mujer y aún preservar los principios fundamentales del matrimonio cristiano como un reflejo de nuestro pacto con Dios?

La doctrina de la complementariedad se creó originalmente para restringir el feminismo cristiano en 1987. El "imperativo bíblico" de las diferencias anatómicas se incorporó al significado de complementariedad a fines de la década de 1990 para dar una base "bíblica" a la exclusión de gays y lesbianas del matrimonio cristiano.

PARA CONVERSAR Y CONSIDERAR

1. En el Capítulo 10 ("Creación de familias") de *Atravesando el cañón sin puente* se incluyen varias historias sobre parejas casadas del mismo sexo. Has leído sobre Ted, que nació en 1931 y encontró al amor de su vida a finales de los 40; David y Colin Evans-Carlson, quienes se criaron en hogares cristianos conservadores y querían la bendición cristiana para su matrimonio y su futura familia (ahora tienen una niña pequeña); David y Ron, que estaban legalmente casados, pero todavía querían una bendición de la iglesia; Connie, quien sintió poder espiritual en los matrimonios civiles de San Francisco del 2004; Suzanne y Lindsey, madres de dos niñas, que querían una boda conservadora en la iglesia cristiana; y Wendy y Abby que soñaron con una "boda de Annie Oakley" y lograron su sueño en su iglesia episcopal de Montana.

   ¿Qué historias te conmovieron profundamente y por qué? ¿Tiene una historia de una pareja casada del mismo sexo que le gustaría compartir?

   ¿Por qué crees que la comunidad LGBT luchó tan duro por los derechos matrimoniales? Incluya razones de algunas de las historias de parejas casadas del mismo sexo junto con información en las páginas indicadas. (págs. 293-296, 314-316 y todas las historias del Capítulo 10).

2. Si está casado(a), comparta la importancia de esa relación en su vida. ¿Qué crecimiento personal ha experimentado al estar en una relación íntima y comprometida?

3. ¿Cuáles cree que son los beneficios generales personales, familiares, comunitarios y sociales del matrimonio y la familia? ¿Qué hace que un matrimonio sea más especial que una unión civil o una convivencia en pareja?

Veamos y analicemos brevemente las formas en que ha cambiado la definición y estructura del matrimonio. (Volveremos al matrimonio bíblico en una pregunta futura). Comience con la antigua Roma y el Imperio Romano y avance a través de estructuras cambiantes hasta *Zablocki v. Redhail* (1978).

En la decisión de junio de 2015 *Obergefell v. Hodges*, los jueces de la Corte Suprema citaron una vez más la Cláusula del Debido Proceso y la Cláusula de Protección Igualitaria de la Decimocuarta Enmienda al extender el derecho al matrimonio a las parejas del mismo sexo.

Cuando la gente dice que el matrimonio entre personas del mismo sexo ha "cambiado" la definición de matrimonio, ¿cómo respondería? (págs. 287-293)

4. Pasando ahora del matrimonio civil al matrimonio bíblico, enumere los diversos tipos de matrimonio descritos en la Biblia. (pág. 287)

5. ¿Qué razón se da en Génesis 2 para la creación de Eva? ¿Cómo se usa el término "una sola carne" (Génesis 2:23) en la historia de la creación? ¿Cómo se usa el término en los otros ejemplos citados para "una sola carne"? ¿Cuál es la similitud en cada una de esas incidencias? (págs. 303-304)

6. La gente suele citar Mateo 19: 1-12 (la respuesta de Jesús a una pregunta sobre el divorcio) al definir el matrimonio bíblico. Sin embargo, este puede que no sea el mejor versículo para usar en la discusión sobre el matrimonio. Efesios 5:21-33 es un mejor texto que se puede usar; nos dice varias cosas sobre el matrimonio.

Según Efesios 5:21-33, ¿qué simboliza el matrimonio bíblico? ¿Por qué se condena el divorcio en la Biblia y cuántas veces se condena?

Entendiendo lo que ha aprendido sobre la sexualidad humana y los límites estrictos de las relaciones entre hombres y mujeres históricamente, ¿esperaría leer una descripción positiva de un matrimonio entre personas del mismo sexo o una pareja del mismo sexo en la Biblia o en cualquier texto antiguo? ¿Por qué o por qué no?

¿Pueden dos personas del mismo sexo unirse en un vínculo de alianza, sacrificio, una sola carne, monógamo e inquebrantable que serviría para modelar la "muerte sacrificial de Jesús por la Novia" y las promesas eternas de Dios a Su pueblo? ¿Por qué o por qué no?

Hemos leído muchas historias personales en el Capítulo 10. El matrimonio cristiano, la bendición de la iglesia y una unión espiritual ante Dios son algunos de los deseos más profundos de las parejas cristianas del mismo sexo. ¿Por qué, o por qué no, debería extenderse la bendición del matrimonio bíblico a las parejas del mismo sexo? Deje que los participantes se expresen, ya que no todos estarán de acuerdo con esta respuesta. (pág. 303-307)

7. "Sean fructíferos y multiplíquense" (Génesis 1:22) no es un mandamiento; es una bendición. Mientras que Dios hizo crecer a Su pueblo en número a través de la procreación en el Antiguo Testamento, en el Nuevo Testamento, Jesús nos dice que la familia de Dios se expande en número por fe (Mat. 3: 31-35).

¿Existe un mandato bíblico para la procreación en el matrimonio? Si su respuesta es "sí", cite versículos del Nuevo Testamento para apoyar su creencia de que la procreación es necesaria en el matrimonio. Si cree que hay un mandato bíblico de procrear, ¿apoya a los que son estériles, o que ya no pueden procrear, a casarse? (págs. 309-311)

8. Dado que el término "complementariedad" fue acuñado en 1987 por un grupo de líderes conservadores y evangélicos, analicemos un posible "imperativo bíblico" de complementariedad y lo que eso podría significar.

    ¿Qué término(s) se utilizaron para indicar sistemas jerárquicos hombre-mujer antes de la invención de la palabra complementariedad? ¿Qué diferencias, si las hay, ve entre los términos "antiguos" y los nuevos?

    ¿Cuáles son las tres formas en que se usa la complementariedad en los círculos cristianos conservadores? Si puede, cite el apoyo bíblico de que cualquiera de las tres formas de complementariedad es necesaria en el matrimonio.

    Una definición de complementariedad establece que las diferencias de género son necesarias entre las dos partes para formar el todo, haciendo así un reflejo completo de Dios. ¿Cómo cumplen este requisito las personas solteras y el mismo Jesús?

    En la década de 1990, las diferencias anatómicas se convirtieron en un "requisito" adicional de complementariedad. ¿Por qué se agregó repentinamente este "requisito" de diferencias anatómicas a la definición de matrimonio bíblico? (págs. 312-316)

9. Gálatas 3:28 dice que llegará un momento en que "todos somos uno en Cristo Jesús". En el Reino de Dios, *todos los sistemas de jerarquía desaparecerán* y todos serán iguales. Además, en Mateo 6, Jesús instruyó a sus seguidores a emular su oración al Padre: "Venga tu reino; hágase tu voluntad en la tierra como en el cielo" (v. 10, NVI).

Se nos dice que oremos para que el Reino venga más plenamente a la tierra incluso mientras vivimos. Las estructuras de jerarquía de género y patriarcado no incluyen inherentemente a parejas del mismo sexo o personas LGBT. ¿Puede explicar por qué eso es cierto? Si cree que las estructuras jerárquicas todavía existen en las iglesias cristianas, ¿qué pueden hacer los creyentes para romper esas estructuras? (págs. 316-317)

Has superado otra serie de preguntas y conversaciones difíciles. Gracias.

SECCIÓN SIETE

Algunos efectos negativos del mal uso de las Escrituras: terapia reparadora y matrimonios de orientación mixta

Resumen de las páginas 325-395 de *Atravesando el cañón sin puente*

Antes de seguir adelante y examinar los efectos de traducir versículos de la Biblia con significados históricamente contextuales y precisos, este es un buen lugar para revisar la información cubierta en el Capítulo 2 "Evolución del entendimiento de la orientación sexual" de *Atravesando el cañón sin puente*.

Brevemente: aprendimos que, en 1879, Karl Kertbeny fue la primera persona en definir la sexualidad de una persona por el objeto o el sexo por el que se sentía atraída naturalmente. Antes de esto, las personas se definían por el rol que jugaban en el sexo, ya fuera el rol masculino dominante, como penetrador, o el rol femenino sumiso, como penetrado. Que un hombre asumiera el papel sexual o social de una mujer era degradante.

Según la definición de Kertbeny, los que se sentían atraídos por el mismo sexo se llamaban homosexuales. Esta designación del sexo por el que uno se siente atraído, más que el papel que se juega en el sexo migró lentamente de los círculos médicos aislados a la cultura muy lentamente. De hecho, heterosexual y homosexual no se definieron en un diccionario estadounidense hasta 1934, medio siglo después de que se introdujeran las palabras.

Durante el siglo siguiente, siguiendo las clasificaciones de Kertbeny, surgieron decenas de teorías más sobre la causa de la homosexualidad. ¿Fueron los homosexuales sexualmente invertidos, se perdieron una parte importante del desarrollo de la primera infancia, o quizás sus madres eran demasiado asfixiantes mientras que sus padres eran demasiado distantes?

No se realizó ninguna investigación para respaldar la multitud de teorías. Junto con las teorías, a partir de la década de 1940, los psicoanalistas introdujeron un flujo constante de ideas sobre cómo "arreglar" la naturaleza quebrantada y peligrosa de los homosexuales. Ninguna investigación académica apoyó ninguno de los hallazgos etiquetados como "éxito".

Finalmente, en 1973, se eliminó la designación de enfermedad mental de la homosexualidad. Hoy en día, todas las principales organizaciones profesionales de atención médica y de salud mental en los Estados Unidos están de acuerdo en que la homosexualidad es una variación normal de la sexualidad humana.

En las discusiones sobre las dos sesiones anteriores de la guía de estudio, los participantes han examinado sus creencias personales acerca de lo que la Biblia puede estar diciendo o no acerca de las personas con orientación homosexual. Puede que ya esté afirmando, o puede ser una decisión reciente, o tal vez todavía esté tanteando la información y trabajando en ella a través de su espíritu y conciencia.

Dondequiera que se encuentre en el proceso, es hora de considerar los efectos que ha tenido el considerar la orientación homosexual como un "pecado" y no una variación natural de la sexualidad humana en la vida de las personas gay, lesbianas, bisexuales y transgénero, particularmente aquellas que son cristianas. Los cristianos, y en particular nuestros líderes, tienen la responsabilidad ética de considerar las consecuencias de nuestras interpretaciones bíblicas y políticas.

Es importante señalar claramente lo que puede o no ser obvio al leer *Atravesando el cañón sin puente* y trabajar con la guía de estudio. Antes de finales de la década de 1970, la comunidad religiosa *no* enfocaba sus energías o incluso estudios teológicos en el tema de la homosexualidad, a pesar de que la palabra apareció por primera vez en la Versión Estándar Revisada en 1946.

Como era consistente con la traducción de las palabras griegas *malakos* y *arsenokoitais*, (ver listas de traducción en las páginas 272-274 en *Atravesando el cañón sin puente*), las palabras fueron traducidas al peor acto sexual o crimen, o al acto más culturalmente repugnante realizado por hombres. Recuerde, en un momento, en las traducciones católicas, donde ahora leemos "homosexual" en algunas traducciones, decía "masturbadores". Los masturbadores eran dignos del infierno porque su actividad acababa con la potencialidad de la procreación, un mandato católico.

En la década de 1940, aprendimos en las páginas 75-94 que aquellos que eran homosexuales / invertidos sexuales eran vistos como enfermos mentales, quebrantados, desviados sexuales y pervertidos. La traducción probablemente refleja un desdén cultural por aquellos que eran gay. Esto está respaldado por el hecho de que ningún grupo religioso (excepto algunos predicadores al aire libre en el oeste de Texas a principios de la década de 1970) se centraba en la comunidad gay hasta la fusión de la religión y la política conservadoras en 1978.

Por lo tanto, tratemos de imaginarnos a nosotros mismos a fines de la década de 1970 y en la de 1980, cuando los gays y lesbianas finalmente comenzaban a salir del armario y de la opresión. Centrémonos en ese período mientras investigamos cómo las teorías ya descartadas del movimiento de la terapia reparativa fueron resucitadas por los ministerios religiosos, quienes luego agregaron versículos de la Biblia a las expectativas y reintrodujeron el paquete como "la voluntad de Dios y lo mejor para los homosexuales".

El comienzo de la terapia reparativa cristiana

Michael Bussee había estado dirigiendo grupos de oración y estudios bíblicos, así como también organizando consejería en línea telefónica directa para aquellos que "luchaban" con la homosexualidad en Melodyland Christian Center en el sur de California. Su equipo, llamado EXIT, se convirtió en Exodus International en 1976. En los primeros años de Exodus, no hubo un llamado a la terapia reparativa, no hubo introducción de teorías de terapia reparativa recicladas, ni psicología chatarra defectuosa y no científica, y no hubo unión con causas políticas. Exodus International se mantuvo fiel a la dirección y misión originales: llegar con amor, evangelizar y brindar apoyo mutuo a las personas gay. Sin embargo, para 2010, Exodus International se convertiría en el ministerio coordinador más grande de más de 300 ministerios cristianos de terapia reparadora en Estados Unidos.

Finalmente, en 2012, Alan Chambers, presidente de Exodus International desde 2001, admitió:

"La mayoría de las personas que he conocido, y diría que "la mayoría" significa el 99.9% de ellas, no han experimentado un cambio en su orientación o llegado a un lugar en el que puedan decir que jamás podrían ser tentadas o que ya no sean tentadas de alguna manera, o que no experimentan algún nivel de atracción hacia personas de su mismo sexo."

Exodus International finalmente cerró en mayo de 2013.

El mismo Chambers admite que sigue se sigue sintiendo atraído hacia las personas del mismo sexo.

Sin embargo, a principios de la década de 1970, varios ministerios cristianos de terapia reparativa comenzaron a surgir justo cuando la homosexualidad fue desclasificada como una enfermedad mental.

Love in Action (LIA por sus siglas en inglés, y en español sería Amor en Acción) fue fundada en 1973 por Frank Worthen,

John Evans y Kent Philpott, autor de *The Third Sex (en español sería el tercer sexo)*. Un año después de la publicación de *The Third Sex*, los seis hombres que fueron el tema del libro se retractaron de sus historias afirmando que la fe en Jesús los había convertido en heterosexuales, pero Philpott, un heterosexual de toda la vida continuó produciendo el libro.

Los fundadores de LIA, creyendo que la homosexualidad era una adicción sexual (algo que ningún experto en adicciones cree), combinaron la teología, el celibato y la modificación del comportamiento para "curar a las personas de su adicción pecaminosa a la homosexualidad".

El adventista del séptimo día Colin Cook fundó otro prominente ministerio de terapia reparativa, Homosexuales Anónimos, en 1979. Cook fue un rostro público en la televisión elogiando el éxito de su cambio a la heterosexualidad hasta al cual sorprendieron dando masajes desnudos a clientes gay a los que estaba asesorando.

Ex-gay, John Paulk y su ex-esposa lesbiana, Anne, lideraron Love Won Out, fundada en 1998 como un ministerio de alcance de Focus on the Family (Enfoque a la familia). La pareja apareció en una campaña publicitaria nacional de $ 600,000 que proclamaba la libertad de la homosexualidad patrocinada por 15 organizaciones de derechos religiosos, incluida la Coalición Cristiana, la Asociación Estadounidense de la Familia, el Consejo de Investigación Familiar y Enfoque a la familia. Con pocas voces desafiando las afirmaciones de los ex-gays, la terapia de cambio cristiana subió al escenario. John Paulk se declaró gay en 2013 y se disculpó por su participación en la promoción de la terapia reparativa, admitiendo que siempre ha sido gay.

La pareja está divorciada y Anne continúa en el ministerio cristiano con Restored Hope Network (La red de esperanza restaurada) ayudando a "curar" a los homosexuales.

Desert Streams / Living Waters (Manantiales en el desierto / Aguas de vida) fue fundada en 1980 en Santa Mónica, California por Andy Comiskey, y continúa ofreciendo programas de 20 semanas para "lidiar con" la homosexualidad en la actualidad.

El verdadero problema no es solo la aplicación de una mala psicoterapia. Los líderes del ministerio de terapia reparativa agregaron una dimensión espiritual a "arreglar" la orientación sexual. Durante los últimos 35 años y contando, estos ministerios han causado, y continúan causando, daños inimaginables a los cristianos gay, lesbianas, bisexuales y transgénero.

Según muchos programas de terapia cristiana, la homosexualidad es una rebelión abierta y voluntaria contra Dios, basada en su interpretación de Romanos 1: 24-32, como resultado de una herida infantil. Al usar una interpretación creativa de 1 Corintios 6:9-11, afirman además que la homosexualidad se puede arreglar. "Así erais algunos de vosotros" (v.11) se reformuló y reinterpretó para que los gays pudieran cambiar su orientación sexual. Las teorías refutadas de Sandor Rado en la década de 1940 recibieron un giro cristiano y revivieron. En la década de 1970 se creó una nueva industria cristiana para "arreglar" la homosexualidad con el poder de Jesús.

"Un buen árbol no puede dar malos frutos, y un árbol malo no puede dar buenos frutos". (Mateo 7:18) Los testimonios de aquellos que han sido sometidos a terapia reparadora, o ministerios de cambio, ya sea en sus iglesias o subcontratados por sus iglesias, concluyen abrumadoramente que estos ministerios dan malos frutos. El nivel de destrucción infligido por tales ministerios a la comunidad cristiana gay y transgénero y a sus familias nunca podrá conocerse por completo.

La Asociación Estadounidense de Psicología, en su estudio de 130 páginas, informa sobre el daño causado a las personas que se han sometido a una terapia reparadora. En el momento de redactar esta guía, es ilegal en dos estados, Nueva Jersey y California, y el Distrito de Columbia, someter a los menores a un tratamiento de terapia reparativa por parte de un profesional de la salud autorizado. Un número creciente de estados está introduciendo leyes similares, y el Congreso está trabajando en un proyecto de ley a nivel nacional.

Todas las principales organizaciones médicas y de salud mental de los Estados Unidos han emitido una declaración condenando la terapia reparativa. No se ha demostrado que cambie la orientación sexual de nadie y daña a muchos.

A medida que el modelo de terapia reparadora severo e ineficaz se desvanece, se está introduciendo un enfoque *aparentemente* más amable en las iglesias, especialmente en las iglesias con poblaciones más jóvenes.

Los líderes de la iglesia pueden aceptar que las personas tienen una atracción sexual natural o una identidad de género que no se puede cambiar. La política puede establecer además que las personas gays deben controlar sus deseos naturales y no actuar sexual o románticamente sobre sus atracciones, pero deben comprometerse con el celibato de por vida.

Primero, la abstinencia antes del matrimonio, o castidad, no es lo mismo que el celibato. El celibato a lo largo de la historia de la iglesia ha sido visto como un don o llamado espiritual, y no como una condición impuesta por la fuerza a otra persona sin su consentimiento.

Exigir que los cristianos gays permanezcan célibes puede nacer de un corazón pastoral genuinamente afectuoso, sin embargo, es un argumento que no parece sostenerse por sí solo en las Escrituras. Es simplemente una parada secundaria en el camino para lidiar verdaderamente con las Escrituras y comprender cómo los cristianos gays en relaciones comprometidas encajan en nuestras iglesias.

Matrimonios de orientación-mixta

Una consecuencia generalizada de la negación de los cristianos gays y lesbianas y el imperativo de "arreglarlos" son los matrimonios de orientación mixta (una persona gay casada con una persona heterosexual) dentro de las iglesias cristianas. Si una iglesia tiene varios cientos de miembros, es probable que haya parejas de orientación mixta dentro de esa comunidad.

Lo que se sabe de manera anecdótica es que más hombres gays contraen matrimonios de orientación mixta que lesbianas porque la sociedad y la iglesia dan más importancia a la masculinidad y el patriarcado. Ha sido más difícil para los hombres declararse gay, lo que los obliga a un mayor número de matrimonios de orientación mixta.

Recuerde, la orientación sexual tiene tres componentes: identidad sexual, comportamiento sexual y atracción sexual. Las personas a veces pueden hacer malabares con dos de esas pelotas en el aire durante un tiempo, pero la atracción sexual es natural. La mascarada de la conducta sexual y la euforia romántica pueden ayudar a una persona gay a hacerse la vista gorda temporalmente a la orientación natural, pero rara vez se puede sostener.

Un cónyuge heterosexual en un matrimonio de orientación mixta rara vez recibirá la atención romántica, emocional y sexual adecuada que necesita mientras está casado con una pareja gay.

Ambas partes que han estado involucradas en matrimonios de orientación mixta parecen estar de acuerdo en que es importante que el cónyuge gay salga del armario y sea honesto con su pareja sobre su orientación. La deshonestidad de vivir una mentira suele afectar la salud física y emocional de ambos socios.

Por supuesto, hay parejas que han logrado sortear las dificultades creando sus propias expectativas para los matrimonios que tienen uno de los cónyuges que naturalmente se siente attraido por el mismo sexo. Estas parejas crean su propio paradigma de lo que es el matrimonio. Además, hay personas bisexuales que pueden encontrar satisfacción en una relación masculina o femenina.

En el centro mismo de las conversaciones y la orientación para la inclusión de cristianos homosexuales y transgénero en las iglesias, y las dificultades asociadas con los matrimonios de orientación mixta, están los pastores y líderes que no saben casi nada sobre lo que es la homosexualidad o el transgénerismo. Estos líderes desinformados o mal informados han estado tomando las decisiones políticas sobre las personas LGBT, su cuidado y sus matrimonios. Un paso positivo y simple hacia la comprensión de la sexualidad humana podría incluir requerir que los miembros del personal tomen una clase básica de sobre el tema.

La educación, la compasión y la sabiduría piadosa son las claves para atender las complejidades y el sufrimiento de los cristianos LGBT en iglesias que no son inclusivas o afirmantes, y para aquellos en matrimonios cristianos de orientación mixta.

PARA CONVERSAR Y CONSIDERAR

1. Primera de Corintios 6: 9-11 se usa con frecuencia como una Escritura de apoyo en el movimiento de terapia reparadora cristiana. Afirma:

   "¿No sabéis que los injustos no heredarán el reino de Dios? Que no te engañen. Ni los fornicarios, ni los idólatras, ni los adúlteros, ni los homosexuales, ni los sodomitas, ni los ladrones, ni los avaros, ni los borrachos, ni los injuriosos, ni los estafadores heredarán el reino de Dios. Y así erais algunos de vosotros. Pero fuisteis lavados, pero fuisteis santificados, pero fuisteis justificados en el nombre del Señor Jesús y por el Espíritu de nuestro Dios".

   ¿Está de acuerdo, o no, en que este pasaje es usado correctamente (es decir, aplicando buenos principios exegéticos de contexto, audiencia e intención) por aquellos en el movimiento de terapia reparativa cristiana para alentar a las personas a alejarse de una orientación homosexual? Fundamenta tu respuesta. (págs. 331-332)

2. A los cristianos gays, lesbianas, bisexuales y transgéneros se les dice regularmente que "ignoren" su orientación natural, o incluso que se resistan a etiquetarse a sí mismos como "gay" o "transgénero". Después de todo, se les dice, como cristianos, que nuestra "identidad" está "en Cristo".

   Pensando en su propia orientación sexual, especialmente si es heterosexual, ¿se le pide que niegue su orientación natural para ser cristiano?

   Debido a que la terminología cristiana "por defecto" es cristiana heterosexual, ¿por qué los que son LGBT y cristianos podrían identificarse como "cristianos gays"? ¿El uso de este término niega de alguna manera su "identidad en Cristo"?

3. Sabemos que "un buen árbol no puede dar malos frutos, y un árbol malo no puede dar buenos frutos". (Mateo 7:18)

   Vuelva a leer los numerosos testimonios de cristianos homosexuales y lesbianas en el Capítulo 11: "¿Tratando de 'arreglar' a los homosexuales?"

   Nos presentaron a: Lee, quien creció como bautista del sur y sabía que era "diferente" incluso cuando era un niño pequeño; Jerry, que era el chico macho modelo que emulaba a su padre; Michael, quien participó en Love In Action durante casi 20 años sin cambios en la atracción sexual; Darlene, quien fue líder, consejera y autora de Éxodo, y a pesar de su negación, se enamoró de Des; y John Smid, quien fue un líder en terapia exgay y de Love In Action durante varias décadas y ahora está casado con su esposo.

Estos son los testimonios de aquellos que han sido sometidos a terapia reparadora o que han cambiado de ministerio, ya sea en sus iglesias o subcontratados a otros ministerios por sus iglesias. De manera abrumadora, por el testimonio de sus propios testimonios, estos ministerios produjeron malos frutos en la vida de los anteriores. El nivel de destrucción infligido por tales ministerios a la comunidad cristiana gay y transgénero y a sus familias nunca podrá conocerse por completo. Analice algunas de las historias que pueden haberlo impactado.

4. Si bien es importante honrar el testimonio y la experiencia de otra persona con Dios y su historia de cambio, es igualmente importante respetar el abrumador conjunto de pruebas y testimonios de los cristianos gays y transgéneros para quienes el tratamiento de terapia reparativa ha sido destructivo.

    Quizás se esté preguntando: "¿Qué pasa con los 'homosexuales curados' que han venido a hablar en mi iglesia?" Recuerde, la orientación sexual se compone de comportamiento sexual, identidad sexual y atracción sexual. ¿Cómo podríamos escuchar mejor las historias de quienes dicen que ya no son homosexuales? ¿Las historias que comparten como éxito implican que debería suceder o sucederá para otros? (págs. 350-352)

5. Vuelva a leer la sección del Capítulo 6 sobre el celibato. Ahora, considerando que la atracción sexual es considerada innata por todas las organizaciones profesionales médicas y de salud mental, ¿cuál es su opinión sobre la política de algunas iglesias de que las personas homosexuales pueden asistir a su congregación, pero deben consagrarse al celibato de por vida? (págs. 352-355)

6. Las personas gays contraen matrimonios de orientación mixta por una variedad de razones que se enumeran en las páginas 357-359.

Los matrimonios de orientación mixta suelen ser bastante complejos. El capítulo *"Las personas homosexuales se casan con personas heterosexuales. ¿Y ahora qué?"* está lleno de historias de personas que se identificaron como cristianas cuando se casaron.

Ha leído sobre: Chad, ex líder de un grupo para parejas en matrimonios de orientación mixta; Jerry, quien también estuvo involucrado en un ministerio para "ex-gays" y sufrió una pérdida tremenda cuando terminó su matrimonio de orientación mixta; Lynn, quien compartió que vivir una mentira en un matrimonio heterosexual se sentía como "caminar con los zapatos en el pie equivocado"; Jonathan, que creía que casarse con una mujer cambiaría su atracción natural por los hombres; Angie, quien sufrió graves problemas de salud mientras vivía sin autenticidad en un matrimonio heterosexual; Chet, que era pastor de las Asambleas de Dios; Bruce, cuyo más profundo pesar fue su incapacidad para satisfacer las necesidades emocionales y sexuales de su esposa; Emily, que aprendió a extender la gracia cuando terminó su matrimonio; Mark y Cheri, quienes han permanecido en un matrimonio de orientación mixta; Gloria, la esposa que sufrió un gran golpe en su salud física y emocional cuando su esposo salió del armario; y Mark L., quien se casó a los 19 años y trata de disuadir a otros de que contraigan matrimonios de orientación mixta.

¿Cómo le han informado estas historias sobre los matrimonios de orientación mixta?

Si tienes un hijo, o si no, imagina ser padre. ¿Animaría a su hijo heterosexual a que se case con una pareja que haya "luchado con la homosexualidad", haya pasado por una terapia ex-gay o haya admitido una atracción prolongada hacia el mismo sexo en el pasado? ¿Por qué o por qué no?

7. ¿Cómo podrían los líderes de la iglesia apoyar mejor a quienes están en matrimonios de orientación mixta? (págs. 388-394)

8. Lea la historia sobre Susan y Lance, una pareja imaginaria que ha asistido a su iglesia durante décadas (págs. 394-395). Al final de su vida, Susan descubre que es cromosómicamente un hombre e intersexual, lo que confirma su sentimiento de ser hombre a lo largo de su vida. Con el consentimiento de su esposo, se convierte en hombre. ¿Cómo reaccionarías? ¿Apoyaría la decisión de su familia? ¿Cómo reaccionaría el liderazgo de su iglesia?

SECCIÓN OCHO
El movimiento cristiano gay, la juventud LGBT y sus padres

Resumen de las páginas 397-428 de *Atravesando el cañón sin puente*

La mayoría de los lectores de *Atravesando el cañón sin puente* desconocían gran parte de la información del Capítulo 13, "*No abandonaron la iglesia cuando la iglesia los abandonó*", que cubre el comienzo del movimiento cristiano gay y transgénero.

Aquellos que estaban en sus años de adolescentes a adultos a mediados de la década de 1960 bien pueden recordar este período. Si estuviera en el área de California, el impacto se habría observado fácilmente. El Movimiento de Jesús, el Pueblo de Jesús, los fanáticos o locos por Jesús, comenzó en la costa oeste y marcó un cambio distinto en; La expresión pública de fe (los fanáticos de Jesús surgieron con un afán contracultural de volver a los conceptos básicos de la Biblia: vida sencilla, milagros, señales y maravillas, sanidad y oración); La población afectada (estaba dominada por jóvenes, hippies y jóvenes de la contracultura), y; La música (nació la música cristiana contemporánea).

El Rev. Troy Perry

The first person we are introduced to in the chapter is Rev. Troy Perry. Perry was a licensed Baptist minister by aged 15, married to a preacher's daughter by 19, and soon after, a father of two sons. He attended Moody Bible Institute, and pastored a church while secretly having sexual relationships with other men.

Aunque hoy nos parezca extraño, a principios de la década de 1960 Perry no entendía que era gay. Después de todo, él era un ministro bautista, un cristiano y, por lo tanto, no podía ser "homosexual". Intentando comprender sus atracciones, Perry leyó *The Homosexual in America: A Subjective Approach* (En español, El homosexual en Estados Unidos: un enfoque subjetivo) escrito por Edward Sagarin, libro que se abrió camino en la comunidad homosexual. Para su época, es un trabajo sorprendentemente excelente. El libro se publicó en 1951 inmediatamente después del Informe de Kinsey (1948) y contiene información e investigaciones personales y anecdóticas que ayudaron a asegurar a los hombres homosexuales que no estaban solos. Cuando la esposa de Perry encontró el libro, lo confrontó, él admitió que se sentía atraído por los hombres, se divorciaron y Perry se mudó a la comunidad gay de Los Ángeles a fines de la década de 1960. Hemos leído sobre esta época convulsa para los gays y lesbianas en Estados Unidos en los capítulos 2 al 4 de *Atravesando el cañón sin puente*.

[Encontraste muchas veces durante este estudio donde me detuve y le recordé a los lectores nuevamente dónde está la información o la discusión en el *contexto de la historia*. Uno no puede evaluar con precisión los eventos pasados sin considerar las circunstancias *de ese día*. Este hábito de hacer referencia a una línea de tiempo informará en gran medida sus discusiones y, por lo tanto, su comprensión. En el caso de la historia del reverendo Perry, no es razonable imponer lo que entendemos *ahora* a su relato de su propia experiencia que tuvo lugar hace casi seis décadas.]

Mientras vivía en Los Ángeles, el sentido de la justicia de Perry se despertó por la manera indiscriminada en que la policía arrestó a los hombres gays en los bares. Perry sintió que podía ayudar a combatir la persecución constante si podía organizar y empoderar a las personas gay ayudándoles a redescubrir sus raíces religiosas. Fue una idea revolucionaria a fines de la década de 1960, y Perry impulsó el nacimiento de la Iglesia de la Comunidad Metropolitana (MCC por sus siglas en inglés y ICM por sus siglas en español).

Perry fue el primer ministro estadounidense en solicitar licencias de matrimonio entre personas del mismo sexo para miembros de su iglesia en 1969. Comenzó a realizar uniones entre personas del mismo sexo en MCC ese mismo año. Lideró el primer Desfile del Orgullo Gay en Los Ángeles en 1970, se opuso públicamente a Anita Bryant y la Iniciativa Briggs que buscaban prohibir a los maestros gays y lesbianas en California, y ayudó a organizar la Marcha Nacional en Washington por los Derechos de los Gays y Lesbianas a fines de la década de 1970.

El Rev. Troy Perry ha sido un hombre de Dios fuerte, apasionado y tenaz y pionero de la justicia política y social durante más de 45 años.

Lonnie Frisbee

El "Movimiento de Jesús" comenzó en California al mismo tiempo que el Rev. Perry estaba estableciendo la Iglesia de la Comunidad Metropolitana en Los Ángeles. Tres grandes movimientos de la iglesia, Calvary Chapel, Vineyard y Harvest Christian Fellowship nacieron en el Movimiento de Jesús del Sur de California. La intersección, los puntos en común y la clave de la explosión masiva de los tres fue un hombre, Lonnie Frisbee (1949-1993).

Frisbee, nacido en Costa Mesa, California, dejó la escuela secundaria y se mudó a San Francisco, donde quedó atrapado en el Summer of Love (en español verano de amor) de 1967 que afectó al vecindario Haight-Ashbury de la ciudad. Más de 100.000, en su mayoría jóvenes, se reunieron en San Francisco. Hippies, activistas pacifistas y feministas se reunieron en una vida comunitaria en medio de una mayor experimentación sexual.

Frisbee, que se salvó a los 8 años, había estado guerreando los bordes del cristianismo hasta que los primeros misioneros cristianos hippies callejeros de un alcance cristiano llamado The Living Room (en español la sala) ubicado en Haight ayudaron a Frisbee a comprender mejor la Biblia y le pidieron que se uniera al grupo.

Lonnie comenzó a pedir aventones ("haciendo dedo/autostop" o "pidiendo cola/bola/bote") por California contándole a la gente acerca de Jesús. Mientras pasaba por Costa Mesa, en su camino se cruzó con el pastor Chuck Smith, Sr., quien había estado pastoreando una pequeña Iglesia evangélica ex carismática llamada Foursquare de aproximadamente 80 personas. Inmediatamente impresionado por la fe y el carisma de Frisbee, Smith lo invitó a vivir en una capilla que se estaba construyendo en la propiedad.

En una semana, la predicación en la playa de Frisbee había conseguido 35 nuevos convertidos. Al poco tiempo, varios miles de personas asistían a las reuniones semanales de Frisbee. El pastor Smith comenzó la construcción de una iglesia más grande, pero mientras tanto, los servicios se llevaron a cabo bajo una carpa. Sin lugar a duda, Dios estaba usando a Lonnie Frisbee de maneras únicas y magníficas para dar a luz el Movimiento de Jesús en 1968 para traer varios miles de nuevos cristianos convertidos a Calvary Chapel durante los próximos cuatro años.

En algunos de sus testimonios iniciales dados en Calvary Chapel, Frisbee habló sobre sus primeros días en la escena gay. Típico del movimiento de confesión positiva de la época, si una persona denunciaba el comportamiento del mismo sexo, dejaba de participar en el comportamiento del mismo sexo o confesaba verbalmente un cambio, "ya no era homosexual". Una vez que su "pecado" fue confesado y rechazó públicamente "el estilo de vida homosexual", se le dijo a Frisbee que nunca volviera a hablar de eso en sus testimonios.

El Movimiento de Jesús duró aproximadamente una década y asimiló a los jóvenes evangélicos de todo el país al avivamiento. Miles de convertidos son pastores y líderes de organizaciones paraeclesiásticas en la actualidad. El avivamiento comenzó con la gente más improbable: un hippie gay que, según muchos, se parecía a la imagen de Jesús. Dios ungió y llamó a Lonnie Frisbee para dar a luz un movimiento del Espíritu Santo dentro de la contracultura hippie.

Dios llamó a Lonnie Frisbee a la edad de 19 años y lo usó para hacer estallar el movimiento Jesus People, la Capilla Calvary, la Iglesia Vineyard y Harvest Christian Fellowship. Una vez que se descubrió que había tenido una relación gay mientras trabajaba en la Iglesia Vineyard de John Wimber, fue despedido, deshonrado y enviado a casa. Lonnie Frisbee murió en 1993 de SIDA en Florida a la edad de 43 años.

Marsha Carter

Junto con el Movimiento de Jesús vino una nueva variedad de música cristiana. Marsha Carter, de dieciséis años, asistió a un alcance evangelístico en la playa en junio de 1969. Los pastores Smith y Frisbee estaban hablando en un restaurante junto con Pat Boone. Marsha se salvó. Cuando tenía solo 16 años, escribió la famosa y hermosa canción de adoración *For Those Tears I Died (Come to the Water)* en español Morí por esas lágrimas (Ven a las aguas).

Marsha fundó un grupo llamado *Children of the Day*. Eran solo cuatro adolescentes que se hicieron cristianos y querían cantar sobre su amor por Jesús y la nueva vida que tenían. Tenía el tono de Pedro, Pablo y María y estableció otro punto de conexión para los jóvenes en el Movimiento del Pueblo de Jesús. Crear una nueva forma de música cristiana que refleje la música popular de la época fue un concepto revolucionario.

Children of the Day se convirtió en el primer grupo musical, y una parte integral del movimiento de música contemporánea, inaugurado en Calvary Chapel. A la edad de 19 años, Marsha se casó con otro miembro de la banda. El grupo viajó por el mundo liderando la adoración hasta 1979. Al año siguiente, Marsha cumplió 27 años y se divorció de su esposo. Poco después del divorcio, Marsha Stevens se declaró lesbiana.

Una vez que la comunidad cristiana supo que Marsha era lesbiana, los líderes de adoración en las iglesias de todo el condado comenzaron a arrancar copias de *Come to the Water* de los himnarios de sus iglesias. Declararse lesbiana equivalía a renunciar públicamente a su fe.

Dios llamó a Troy Perry a predicar a la edad de 15 años. Llamó a Lonnie Frisbee para hacer estallar el Movimiento del Pueblo de Jesús, los movimientos Calvary Chapel, Vineyard y Harvest Christian Fellowship a la edad de 19 años. Y llamó a Marsha, de 16 años. Carter para marcar el comienzo del movimiento de Música Cristiana Contemporánea.

Con frecuencia decimos que Dios mira a los márgenes para usar a los necios y es poco probable que confunda a aquellos que piensan que saben lo que Dios dice, quiere y hace. Dios elige a los humildes, despreciados y descartados para realizar Su voluntad.

La próxima generación de cristianos gay y transgénero

La historia de la investigación médica y de la salud mental de los jóvenes gays es muy breve; comenzó en 1972. El primer estudio empírico con adolescentes gay se publicó en una revista médica en 1972. La investigación se centró en 60 jóvenes gay, de entre 16 y 22 años, que vivían en situaciones de crisis. Los hallazgos de este único estudio, realizado en 60 hombres gays fugitivos, prostitutas y delincuentes juveniles, se mantuvieron durante los siguientes 15 años como el único esfuerzo de investigación realizado en adolescentes varones gay. Durante décadas, ser joven y gay se vinculó intrínsecamente con tener "problemas".

Para las personas gay púberes promedio que cuestionaban sus atracciones y sentimientos sexuales, no había información que les ayudara a resolver su confusión.

Cuando comenzó el movimiento de liberación gay a finales de la década de 1960, los adolescentes gays escucharon a sus padres hablar con disgusto sobre "esas personas". El miedo a ser "así" o "esas personas" avergonzaba a los adolescentes gay hacia el silencio y, con frecuencia, en un aislamiento interno extremo. Simplemente no había información disponible sobre ellos o para ellos.

A fines de la década de 1970, cuando la derecha religiosa se unió a la nueva derecha, los ataques verbales y políticos contra la comunidad gay se hicieron más pronunciados, especialmente dentro de los hogares cristianos conservadores. Las constantes diatribas de los televangelistas durante la crisis del SIDA de 1980, que se escucharon en muchos hogares cristianos, contribuyeron a caracterizar a la comunidad gay. Fue una época devastadora para ser joven, gay y cristiano.

La descripción de los expertos en psicología de los jóvenes gay como "con problemas" comenzó a cambiar *hace apenas 20 años*. Incluso con un nuevo cambio en la atención a lo largo de la década de 1990, no se realizaron encuestas de orientación sexual entre las poblaciones de las escuelas secundarias. Preguntar sobre la orientación sexual simplemente no estaba en el radar de ningún psicólogo del desarrollo o especialista en desarrollo adolescente. Ciertamente no se debe a la falta de presencia de jóvenes y adolescentes gay; los investigadores no pudieron buscarlos entre la población "normal".

Los especialistas en adolescentes saben mucho más sobre el desarrollo de la identidad sexual de lo que se sabía a principios de la década de 1990. Al reflexionar, casi tres cuartas partes de los hombres gay y dos tercios de las lesbianas sabían que eran "diferentes" cuando eran niños. Muchos se sintieron avergonzados en una cultura fuertemente inclinada y parcializada hacia lo heterosexual. Incluso cuando eran niños, los jóvenes gays reconocieron que las personas gays en general eran objeto de burlas y apodos. Temían ser lastimados o intimidados y no querían avergonzar a sus familias, por lo que mantuvieron su diferencia en secreto. A veces guardaban el secreto hasta el final de la adolescencia. A veces lo mantuvieron durante décadas, incluso al casarse con parejas del sexo opuesto.

Internet ahora le permite a los jóvenes gay y transgénero buscar información confiable por sí mismos. Hay programas y organizaciones nacionales que apoyan el proceso de salir del armario: The Trevor Project, GLSEN, PFLAG y Q Christian Fellowship (anteriormente Gay Christian Network). A diferencia de sus predecesores, los jóvenes gays son más capaces de comprender sus sentimientos y atracciones.

En su mayor parte, los niños se dan cuenta de que son gay antes que las niñas. Esto sucede aproximadamente a los 10 años para los niños y a los 12 años para las niñas. La edad promedio a la que los niños se etiquetan a sí mismos como gay es de 14 años. Por lo general, salen del armario y se lo confiesan a alguien a los 17 años. La primera persona con la que comparten su secreto suele ser un amigo cercano con el que se sienten seguros; no suele ser un padre. Entre los que le dicen a un miembro de la familia, 20 es la edad promedio.

Los jóvenes gays ofrecen una variedad de razones por las que dudan en hablar con sus familias. En un estudio extenso de más de 10,000 jóvenes LGBT, el 30 por ciento dice que su familia es homofóbica o transfóbica, otro 19 por ciento tiene miedo de la reacción de su familia. El diez por ciento simplemente no está listo y el diez por ciento no siente que tiene la capacidad de hablar con su familia. Por último, el 16 por ciento de los jóvenes gay no se declaran en su familia por motivos religiosos; han escuchado los mensajes de condena de lo que Dios piensa de las personas gay y transgénero.

La investigadora y conferencista más sobresaliente sobre el

tema de las necesidades de atención médica de calidad para adolescentes gay es la Dra. Caitlin Ryan, directora del Proyecto de Aceptación Familiar con sede en la Universidad Estatal de San Francisco. La Dra. Ryan ha establecido una lista de más de 100 comportamientos positivos y negativos que las familias usan en reacción a sus hijos gays o transgénero. La respuesta de una familia a su hijo joven gay o transgénero, tanto positiva como negativa, tiene implicaciones dramáticas en la vida del niño.

En comparación con los jóvenes gay y transgénero que no son rechazados por sus familias, los jóvenes altamente rechazados fueron:

Ocho veces más probables que intenten suicidarse;

Seis veces más probables que sufran altos índices de depresión;

Tres veces más probables que consuman drogas ilegales y alcohol; y

Tres veces más probables de tener un alto riesgo de contraer el VIH y las ETS.

Las reacciones y respuestas de los padres cuando sus hijos se declaran gay o transgénero afectan directamente la salud futura y la salud mental de sus hijos a medida que llegan a la edad adulta.

Los esfuerzos generalizados para tratar con niños, adolescentes y adolescentes gay y transgénero dentro de los círculos cristianos conservadores tienen como objetivo disminuir sus atracciones homosexuales, llevarlos hacia un "potencial heterosexual" o coaccionarlos al celibato de por vida.

Los recursos para padres de niños LGBT se enumeran en las páginas 439 a 447 en *Atravesando el cañón sin puente*.

Estamos en un punto de inflexión dentro de las iglesias cristianas conservadoras en el tema de la homosexualidad y la Biblia. Ha habido un testimonio persistente de los cristianos LGBT mayores a lo largo de las décadas, y ahora tenemos el testimonio de los cristianos LGBT más jóvenes. A diferencia de los anteriores, los cristianos gays y transgénero más jóvenes tienen información, argumentos bíblicos sólidos, modelos positivos a seguir y relaciones con cristianos heterosexuales que están dispuestos a defender la igualdad y la justicia en las iglesias.

En la próxima sesión, veamos dónde podría encajar en la inclusión y la educación.

PARA CONVERSAR Y CONSIDERAR

1. ¿Estaba usted o algún miembro de su grupo de discusión vivo, o participó del Movimiento de Jesús desde 1968 hasta 1972? ¿Recuerda haber escuchado acerca de, o posiblemente, se vio afectado por los ministerios de Lonnie Frisbee, Marsha Carter (Pino-Stevens) o el reverendo Troy Perry? Comparte tu historia.

    Si esta pregunta no se aplica a ningún miembro de su grupo, ¿ha oído hablar del Movimiento de Jesús y le sorprende que haya personas gays en el centro?

2. El avivamiento en la iglesia cristiana a menudo se caracteriza por lo inesperado: lugares inesperados, manifestaciones inesperadas y mensajeros inesperados. Esto es ciertamente cierto en el Movimiento de Jesús. Teniendo en cuenta lo que ya ha aprendido sobre los cristianos LGBT, ¿es posible que un gran movimiento espiritual futuro en la iglesia pueda surgir a través de este grupo (o cualquier otro grupo minoritario para el caso)? ¿Por qué o por qué no?

    El capítulo 13, "No abandonaron la iglesia cuando la iglesia los abandonó", cuenta la historia de varios líderes religiosos gay y lesbianas. Leemos sobre: El pastor Dan Burchett, un ex pastor de las Asambleas de Dios que estaba casado con una mujer, salió, perdió todo y ahora es pastor de una iglesia en Long Beach; La pastora Maria Caruana de Freedom in Christ Evangelical Church, una lesbiana casada y conservadora que llega a la comunidad gay de San Francisco; El pastor Randy Morgan y su esposo, Johnny, quienes dirigen una gran iglesia en Atlanta y supervisan una red de iglesias inclusivas y afirmativas en todo el país; y Kevin Díaz, quien, como director del programa de Promise Keepers (en español cumplidores de promesas), temía ser "descubierto".

¿Alguna de estas historias te tocó personalmente? ¿Por qué? ¿Conoces a otros líderes cristianos LGBT con historias inspiradoras que quizás quieras compartir?

3. La Dra. Caitlin Ryan del Family Acceptance Project o Proyecto de aceptación Familiar o Proyecto de Familias por la Aceptación (con sede en San Francisco) es una experta en los efectos de la aceptación o el rechazo de los jóvenes gay y transgénero, y el impacto posterior de esas acciones en sus vidas adultas tempranas.

Revise las estadísticas que se refieren a los efectos de la aceptación versus la no aceptación de los jóvenes LGBT de la narrativa anterior, o de la página 440 de *Atravesando el cañón sin puente*. ¿Cuáles son algunas de las acciones positivas que los padres pueden tomar para ayudar a aliviar estos altos riesgos para sus hijos LGBT?

¿Cómo pueden otros adultos en la comunidad practicar la aceptación de los jóvenes LGBT para apoyar su seguridad y crecimiento saludable? (página 382)

4. Hemos leído algunas historias de niños LGBT y sus padres: Missa y su madre, Jena; y Emilee y su madre, Eunice.

Es probable que haya escuchado otras historias sobre las reacciones de los padres cuando sus hijos salieron del armario. Hable sobre algunas de esas historias y discuta cualquier dificultad o acción positiva que hayan tomado los padres en esas situaciones.

¿Qué acciones y / o comportamientos de apoyo pueden tomar los padres para asegurarse de que su hijo se sienta seguro y amado? (págs. 439-442, 446-547)

5. Varios estados en los Estados Unidos han prohibido legalmente la terapia reparadora para jóvenes homosexuales y transgénero. Otros estados están aplicando prohibiciones. Con el tiempo, es posible que exista una prohibición federal de la terapia reparativa para jóvenes.

   Los consejeros sin licencia, los ministerios paraeclesiásticos y los líderes laicos suelen utilizar teorías de supresión o cambio de orientación rechazado para aconsejar a los jóvenes LGBT. ¿Por qué se les debería permitir, o no permitir, el uso de técnicas que han demostrado ser ineficaces y potencialmente dañinas para los jóvenes LGBT? (págs. 443-445) Muchos querrán volver a visitar la Sección Siete, Pregunta 1 para responder a esta pregunta.

6. En el Capítulo 14 de *Atravesando el cañón sin puente*, leemos palabras y aliento de los jóvenes adultos LGBT: Nick, un joven católico de Michigan; Tim, un joven luterano y graduado de Georgetown; Megan, una conservadora graduada de Baylor de Georgia; Devin, un presbiteriano de Alabama; Matt, un joven evangélico afroamericano que se graduó de una universidad cristiana en el sur de California; y Mateo, un católico transgénero, ahora en la escuela de medicina.

   Cada uno de estos son un buen ejemplo de jóvenes LGBT que se aferran a su fe y no niegan su orientación sexual o identidad de género, todo mientras van en contra de la inmensa presión en muchas comunidades conservadoras para elegir entre fe y orientación o fe e identidad.

   ¿Conoces a otros cristianos LGBT jóvenes y fieles? Comparta lo que sabe de sus historias. ¿Sientes que deberías apoyarlos? ¿Qué puede hacer para que su iglesia o comunidad sea más acogedora para la próxima generación de jóvenes LGBT? (págs. 447-455)

7. ¿Cuál es la política de su iglesia sobre la juventud LGBT? ¿Su iglesia o comunidad tiene recursos para educar y mantener seguros a los jóvenes LGBT? Comparta su conocimiento de esos recursos.

La próxima sesión será la conclusión de este estudio. Si han realizado el estudio como grupo, y el tiempo y los lugares lo permiten, planee tomarse un tiempo para orar juntos y tener una comida grupal al final de la discusión.

"Esfuércese por mantener la unidad del Espíritu mediante el vínculo de la paz". Efesios 4: 3

SECCIÓN NUEVE

Hacer que la iglesia cristiana sea segura y acogedora para los cristianos LGBT

Resumen de las páginas 459-489 de *Atravesando el cañón sin puente*

El panorama de la iglesia cristiana estadounidense está cambiando con respecto a la inclusión de cristianos LGBT porque muchos de nosotros hemos establecido relaciones con amigos y familiares gays y transgénero. Las relaciones cambian las cosas. Cuando amamos y respetamos a una persona, cualquier problema relacionado con ella se vuelve más humano y más personal. A medida que las personas lesbianas, gays, bisexuales y transgénero (LGBT) salen del armario, más de nosotros enfrentamos el desafío de reexaminar nuestros sistemas de creencias y estereotipos.

Ya no es una cuestión de si usted o el hogar de su iglesia se involucrarán con las cuestiones relacionadas con la fe, la sexualidad y / o el género; es una cuestión de *cuándo*. En ningún momento de la historia nuestros antepasados o antepasados en las tradiciones religiosas pudieron haber entendido que hay personas que se sienten atraídas exclusivamente por personas del mismo sexo, tienen profesiones de fe y dones espirituales, y desean tener el mismo estatus en la iglesia cristiana. Esta es una nueva frontera para el cristianismo, y usted puede ayudar a enfrentar los desafíos que enfrentan las comunidades conservadoras desde una postura informada y con actitudes cristianas.

Gracias por invertir tiempo en este estudio. Ahora es el momento de tomar medidas utilizando la información obtenida en la lectura, las discusiones y el autodescubrimiento de las últimas ocho sesiones. Revisaremos la escala de tolerancia presentada en la Sección Uno para ver dónde se colocó, dónde cree que se encuentra ahora y, si se congrega en una comunidad de fe, dónde podría estar su iglesia en el camino hacia la inclusión. Es probable que todavía esté procesando una montaña de información. Recuerde, me tomó varios años reconsiderar mis propios estereotipos negativos sobre las personas LGBT y, finalmente, convertirme en un defensor de la inclusión LGBT.

Han dejado tus iglesias

Los cristianos LGBT han abandonado tus iglesias de manera abrumadora. Aproximadamente la mitad de los estadounidenses LGBT no están afiliados a una comunidad religiosa, en comparación con solo una quinta parte de los estadounidenses en general. Más de la mitad de las personas gay y transgénero están afiliadas a una religión, la mayoría se identifica principalmente con las principales religiones protestantes, y casi una cuarta parte de la población LGBT se identifica como cristianos renacidos. Varias denominaciones ahora dan la bienvenida y / o afirman a los cristianos LGBT. Diez de esas denominaciones son: la Iglesia Unida de Cristo, la Iglesia Episcopal, los Discípulos de Cristo, la Iglesia Bautista Estadounidense, la Anglicana, la Sociedad de Amigos (Cuáqueros), la Iglesia Evangélica Luterana en América (ELCA), la Iglesia Presbiteriana (EE. UU.) y la Iglesia Metodista Unida. Estas diez denominaciones comprenden alrededor del 70% de las casi cinco mil iglesias y congregaciones en los Estados Unidos que dan la bienvenida a personas LGBT.

Claramente, los cristianos LGBT *están* asistiendo y participan en iglesias. Aquellos que asumen que alguien no puede ser gay y cristiano a la vez ignoran el hecho que los cristianos LGBT *ya* están adorando abiertamente a Dios en denominaciones totalmente inclusivas en los Estados Unidos, y en cierto grado de secreto dentro de las otras 45.000 denominaciones cristianas en todo el mundo.

A lo largo de los años, he conocido a miles de cristianos LGBT que, por innumerables razones, se han escabullido silenciosamente de las iglesias o incluso han abandonado el cristianismo por completo. El ímpetu más obvio para el éxodo es condenar los mensajes construidos a partir de interpretaciones erróneas de esos seis pasajes de las Escrituras que examinamos en el Capítulo 9 de *Atravesando por el cañón sin puente* y en la Sección cinco de este estudio.

Muchas congregaciones se enorgullecen del hecho de que han establecido ambientes acogedores y positivos simplemente porque sus pastores no están predicando mensajes destructivos y dañinos sobre la homosexualidad. Sin embargo, no es tan simple.

Las señales sutiles, y a menudo involuntarias, gritan con fuerza en las almas de los cristianos LGBT que buscan lugares seguros para adorar y servir. Cuando las personas LGBT abandonan las iglesias que no son inclusivas y afirmante, el resto de la iglesia sale perdiendo. Durante el último medio siglo, hemos perdido la diversidad y la riqueza de los dones y conocimientos que los creyentes LGBT ofrecen al cuerpo de Cristo. No es posible ver la plenitud de la imagen de Dios cuando excluimos las historias, los testimonios, las bendiciones y los dones de todo un segmento de los niños gay y transexuales de Dios. ¿Cómo podemos avanzar hacia la inclusión de cristianos LGBT en iglesias conservadoras?

Puede ser miembro o incluso pastor de una iglesia a la que se dice darles la "bienvenida". Pero ¿la bienvenida es condicional? La definición de "bienvenida" es importante para los cristianos gay y transgénero. Lo que quiere decir con "dar la bienvenida" y lo que los cristianos LGBT ven como dar la bienvenida puede ser muy diferente.

Aquí hay algunas consideraciones:

¿A qué nivel pueden participar y servir las personas LGBT en su iglesia? ¿Las personas gay y transgénero serán restringidas en su servicio y excluidas del uso de sus dones en la congregación?

¿Los cristianos gays, lesbianas y bisexuales que quieren formar parte de la familia de su iglesia necesitan "arrepentirse" de su orientación sexual? ¿Los dirigirá a un programa de terapia reparativa? ¿El objetivo es "arreglarlos"? ¿Fomentará el celibato de por vida y desalentará las relaciones entre personas del mismo sexo?

Si su iglesia es una iglesia de membresía, ¿pueden los cristianos LGBT convertirse en miembros?

Si las personas LGBT están en una relación comprometida e incluso en matrimonios legales, ¿serán bienvenidos como pareja? ¿Cómo tratas a las personas transgénero?

Avanzando hacia la inclusión de cristianos LGBT

A lo largo del estudio, nos esforzamos por quitar intencionalmente las lentes y los filtros a través de los cuales vemos a las personas LGBT y, además, cómo interpretamos la Palabra de Dios. Hemos luchado con el significado y nuestras interpretaciones personales de los seis pasajes de las Escrituras que involucran el comportamiento del mismo sexo.

Es posible que haya llegado a este estudio ya resuelto en una postura inclusiva y afirmativa, pero durante el proceso, ha ganado mejores herramientas para respaldar sus creencias, de modo que interactuar con los demás sea más productivo, esté mejor informado y (con suerte y lo más importante), sus actitudes son más como las de Cristo. Otros de ustedes pueden estar en proceso y pensando en la información y las discusiones. Entiendo estar inquieto. Como dijo el pastor Brett, "¿Qué va a pasar si deja sus creencias en torno a este tema y se arriesga a una nueva reexaminación?" A muchos de nosotros no nos gusta "vivir en la tensión". *Necesitamos saber.*

Mi amistad con Netto desafió los estereotipos que había aceptado como ciertos sobre las personas homosexuales. Cuando me di cuenta de que los estereotipos no eran ciertos, me enfrenté a una decisión sobre cómo reconciliar los estereotipos que me habían enseñado con el testigo en la vida de las personas LGBT.

Conocer a cristianos homosexuales y transgénero que tenían profesiones de fe en Cristo, que claramente exhibían los frutos del Espíritu Santo y cuyas vidas (aunque no su orientación) habían cambiado como resultado, precipitó la necesidad de lidiar con las Escrituras. Para ser claros, no estaba desafiando mis creencias acerca de Dios; Estaba desafiando mis creencias sobre *lo que la gente me decía que significaban esos seis pasajes de las Escrituras.* Tuve una crisis de doctrina, no una crisis de fe.

Quizás ahora se encuentra al borde de la decisión y se pregunta cómo podría encajar y trabajar para crear iglesias cristianas totalmente seguras, acogedoras e inclusivas.

Si está listo para recibir más educación y desea entablar relaciones personales con cristianos lesbianas, gays, bisexuales y transgénero, hay una lista de pasos prácticos en las páginas 485-489 de *Atravesando el cañón sin puente.* Las historias de aliados heterosexuales ofrecen otras sugerencias.

Si está interesado en profundizar en los recursos que cubren una sección particular del estudio, esa lista está alojada en línea en mi página web Canyonwalker Connections. La lista tiene enlaces en vivo y reseñas de libros, y está actualizada con recursos actuales. Disponible aquí: https://canyonwalkerconnections.com/

Los aliados que personalmente promueven y fomentan la igualdad de derechos y de trato con frecuencia pueden estar entre las voces más eficaces y poderosas dentro de un movimiento. Como seres humanos, reconocemos patrones de forma natural. Cuando alguien de la mayoría sale y defiende a la minoría, interrumpe el patrón existente y nos damos cuenta. Las personas que de otra manera no escucharían a los cristianos LGBT comienzan a hacerlo. Esta es una de las razones por las que los aliados de los cristianos LGBT son tan esenciales para lograr la paridad para todos, sin importar su orientación sexual o identidad de género.

Para aquellos de nosotros que abogamos por la comunidad cristiana LGBT, es importante que mantengamos nuestro respeto por la tradición, la fe y la moralidad. Necesitamos ser testigos creíbles para que nuestra audiencia se identifique con nosotros.

Sobre todo, las conversaciones deben estar motivadas, guiadas y fortalecidas por nuestra unidad en Cristo, quien nos ha hecho a todos hermanos y hermanas.

Efesios 4:1-6:

"... que andéis dignos de la vocación con que fuisteis llamados, con toda humildad y mansedumbre, con paciencia, soportándonos en amor, esforzándonos por mantener la unidad del Espíritu en el vínculo de la paz. Hay un solo cuerpo y un solo Espíritu, así como fuiste llamado con una sola esperanza de tu llamado; un Señor, una fe, un bautismo; un solo Dios y Padre de todos, el cual es sobre todos, y por todos, y en todos".

Resista cualquier acción y actitud que atente contra el vínculo de unidad que se nos ha dado y confiado para preservar.

Cuente su propia historia sobre por qué es un defensor. Construir relaciones. Enviar mensajes de texto de prueba o debatir versículos aislados fuera de contexto no es la mejor táctica. Practica el autocontrol. Ninguna "victoria" vale la pena maltratar a un hermano o hermana en Cristo. Aunque veas al "otro" como un enemigo, o él o ella te trate como a un enemigo, el "otro" todavía está hecho a la imagen de Dios, tal como eres tú, y merece ser tratado con respeto.

PARA CONVERSAR Y CONSIDERAR

1. ¿Cuáles son algunas de las frustraciones comunes que sufren los cristianos LGBT cuando tratan de asistir o continuar asistiendo a una iglesia que no sea inclusiva o afirmante? Si eres un cristiano LGBT o un aliado, cuéntale al grupo sobre tus experiencias de avanzar hacia una postura inclusiva y afirmativa en tu iglesia local o en una a la que hayas asistido en el pasado. (pág. 466-467)

2. Durante las últimas décadas, muchas personas LGBT se han visto obligadas a abandonar iglesias que no afirman. ¿Cuál es la pérdida para el Cuerpo de Cristo con la ausencia de estos creyentes? (págs. 468-469)

3. Al leer las historias de aliados y defensores LGBT, ¿hay algún modelo a seguir que tal vez desee seguir? ¿Quién es esa persona y por qué?

   ¿Comparte preocupaciones similares con alguno de los aliados acerca de expresar sus puntos de vista públicamente o dentro de la comunidad de su iglesia? (págs. 471-484)

   ¿Qué pasos de acción puede tomar para avanzar hacia cualquier objetivo personal de ser más inclusivo, ayudar a educar o cualesquiera que sean sus objetivos? (Hay algunos pasos de acción sugeridos en las páginas 485-489).

4. Si es miembro de una comunidad religiosa, piense en la declaración de su visión. A menudo es el lema después del nombre de la iglesia en un sitio web y es algo así como: "Todos son bienvenidos". "Alcanzando la ciudad para Cristo". "Haciendo discípulos para el Reino". "Busquen a Dios, impacten a otros, impacten al mundo". "Es para todos".

¿Cuál es la declaración de visión de su congregación? ¿De qué manera esa declaración de visión está a la altura o no está a la altura de su objetivo cuando interactúa con las personas LGBT en su comunidad?

5. Si tienes una iglesia en casa, ¿dónde está tu iglesia en la escala del 1 al 9 desde la aversión a la afirmación? ¿Qué pasos positivos puede tomar para ayudar a informar a su liderazgo sobre la difícil situación de los cristianos LGBT en las iglesias que no afirman? Si estás en una iglesia que afirma, ¿qué puedes hacer para educar a otros en iglesias que no afirman? (págs. 459-463) What are the top three takeaways you have learned while working through this study guide?

6. Algunos participantes del estudio aún pueden tener la opinión de que la homosexualidad es pecado y es algo que no debe tolerarse en la comunidad cristiana.

   Después de leer la historia y el impacto de los prejuicios y la discriminación sociales y religiosos, es probable que esté más consciente de la ética y el impacto de una postura de no afirmación.

   Si ha estado inclinado a "compartir la verdad con amor sobre la homosexualidad" en el pasado, ¿siente algo diferente acerca de esa acción ahora? Dondequiera que se encuentre en este proceso, discuta específicamente las formas en que puede expresar acciones, comportamientos o palabras amorosas con aquellos que son LGBT y que pueden o no identificarse también como cristianos.

7. ¿Tiene amigos cercanos o familiares que sean homosexuales, lesbianas, bisexuales o transgénero? Si se siente cómodo cuénteles a los otros miembros de su grupo acerca de esta relación, por favor comparta.

   ¿Tu relación con esta persona o personas ha cambiado tus puntos de vista o estereotipos preconcebidos de lo que pudiste haber pensado anteriormente sobre lo que es ser gay, lesbiana, bisexual o transgénero? Si es así, ¿de qué manera?

¿Este estudio ha cambiado sus puntos de vista o estereotipos preconcebidos de lo que pudo haber pensado anteriormente sobre lo que es ser gay, lesbiana, bisexual o transgénero? Si es así, ¿de qué manera?

8. ¿Puede una persona ser gay, lesbiana, bisexual o transgénero y cristiana? ¿Por qué o por qué no?

9. Revisando una pregunta de la Sección Uno, y en lugar de evaluar a su iglesia en la escala del 1 al 9 como en la Pregunta 5, conviértalo en algo personal.

Utilizando la escala creada por Anthony Venn-Brown, en la Sección 1, evaluó dónde pensaba que podría estar en una escala del 1 al 9, desde la aversión hasta la afirmación. (págs. 459-463) Recuerde dónde se colocó en esa escala. ¿Acertaste? ¿Dónde estás hoy? ¿Dónde te gustaría estar?

10. ¿Hay alguna persona LGBT que conozca de su círculo social, o que haya estado alguna vez en su círculo, o incluso en su iglesia, con la que pueda enmendar la forma en que la trató mal? ¿Qué harás para restaurar esta conexión?

Una voz proclama: "Preparen en el desierto un camino para el Señor; enderecen en el desierto un sendero para nuestro Dios. Que se levanten todos los valles, y se allanen todos los montes y colinas; que el terreno escabroso se nivele y se alisen las quebradas. Isaías 40: 3-4 (NVI)

Que Dios bendiga su viaje por el desierto, eleve su nivel de comprensión, rebaje las montañas de la discriminación y alise el terreno para un testimonio exacto de Dios en el mundo.

GRACIAS

Esta guía de estudio se ha mejorado enormemente con los esfuerzos y las aportaciones de un equipo de editores y revisores.

Gracias Eric Weiss, Seattle, Washington; Tim Rymel, Elk Grove, California; Becca Hawkins, Eugene, Oregón; Sara Cunningham, Oklahoma City, Oklahoma; Lisa Salazar, Vancouver, B.C.; Wendy Prell Danbury, Orange, California; Burke Wallace, Sacramento, California; Stan Maszczak, Nueva York, Nueva York; Jeff Palmer, Sydney, Australia; David Farmer, Springfield, Virginia;

Bob Bare, Grapevine, Texas; Yvette Cantu Schneider, Reno, Nevada; Brett Glanzmann, Sparks, Nevada; Thom Poochigian, Reno, Nevada J.D. Klippenstein, Sparks, Nevada.

Notas

Atravesando el Cañón Sin Puente

Notas

Notas

Atravesando el Cañón Sin Puente

Notas

www.ingramcontent.com/pod-product-compliance
Lightning Source LLC
Chambersburg PA
CBHW050617130526
44592CB00055B/2089